은혜의 산맥을 따라가는

54주간의 성경여행 구약편

Journey through the BIBLE in 54 weeks

Journey through the BIBLE in 54 weeks
은혜의 산맥을 따라가는
54주간의 성경여행 제1편 구약편

펴낸이 / 유성준
펴낸곳 / 열린출판사

1판1쇄 펴낸 날 / 2008년 11월 30일
등록번호 / 제2-1802호
등록일자 / 1994년 8월 3일
주소 / 서울 중구 인현동2가 192-20 정암프라자 504호
전화 / (02)2275-3892 팩스(02)2277-6235

ISBN 89-87548-44-9

값 10,000원

은혜의 산맥을 따라가는

54주간의 성경여행 구약편

Journey through the BIBLE in 54 weeks

추 천 사

신앙성숙을 돕는 깊이와 흥미가 있는 성경학습서

목회현장에서 가장 심각한 문제는 성도들의 신앙성숙과 삶의 변화의 문제입니다. 신앙의 성숙은 신학적 논리로 이루어지는 것이 아니라 은혜의 체험과 성경말씀의 실제적 적용이 일체화를 이룰 때 가능하다 할 것입니다. 미국 이민목회 20여년을 경험하고 귀국하여 한국교회 갱신을 위한 "세이비어교회 모델' 제시로 너무나 잘 알려진 저자가 정리한 『은혜의 산맥을 따라가는 54주 성경일주』는 바로 말씀의 깨달음과 은혜의 체험을 삶에 연결 시켜주는 성경학습 교재입니다. 단순히 안다는 차원을 넘어 은혜로 말미암은 하나님의 의를 발견한다는 것은 매우 중요한 신앙훈련이라고 생각합니다. 건강한 교회를 추구하는 목회자, 목회후보자, 그리고 평신도들께 기쁨으로 이 책을 추천합니다.

– 정양희 감독(기독교대한감리회 삼남연회)

참된 교회의 목회영성이 핵심인 성경교육의 좋은 지침서

유성준 목사님은 22년간 미국에서 목회를 하고 귀국하여 2004년부터 협성대 교수로 임용되어 그의 관심인 참된 교회의 모델에 대한 제시로 한국교회에 놀랍고 신선한 충격을 주어 풍성한 열매를 맺는 것을 보게 됩니다.

유목사님은 21세기 가장 혁신적인 교회의 모델인 세이비어교회 사역을 목회 현장에 적용할 수 있는 방법들을 두 권의 저서를 통하여 소개하였습니다. 특히 세이비어교회의 핵심사역인 소그룹사역공동체가 존 웨슬리의 영향을 받았다는 점에서 감리교 목회자로서 깊은 도전을 받았고 목회자들과 예비목회자들에게 이 교회의 정신과 비전을 지속적으로 나눌 필요가 있다고 생각하였습니다.

특히 이 시대 교회가 참된 교회가 위해서는 바른 교회관과 목회 철학이 있어야 하며 그에 근거해 각자의 목회 상황과 은사에 따라 목회 전략을 세우고 구체적인 프로그램을 준비해야 한다는 것을 깨닫게 됩니다. 이제 유 목사님께서 참된 교회의 목회철학의 영성의 핵심인 성서교육과 훈련을 위하여 좋은 지침서가 될 "은혜의 산맥을 따라가는 54주 성경일주" 출판을 통해 한국교회가 더욱 더 영성과 사역의 균형을 이루는 교회들로 세워지는 기회가 되기를 바라며 이에 기쁨으로 추천합니다.

– 유기성 목사(선한목자교회)

적절한 개요 정리, 그림과 사진 자료들이 독자의 이해를 돕는 성경학습서

신학교 입학시절부터 삼십여 년 간 삶을 함께 한 절친한 동역자인 유성준 목사님은 온화함 속에 불타는 열정이 숨겨져 있는 사람입니다. 그 열정은 유목사님으로 하여금 교회와 성도들의 회복과 부흥을 향해 끊임없이 헌신하게 합니다. 이 '54주간의 성경여행' 은 신학훈련을 받지 않은 성도들도 성경 66권의 핵심적인 맥을 짚으며 그 흐름을 쉽게 파악할 수 있도록 준비된 책이며, 무엇보다 그 동안 저자가 현장에서 직접 이끈 소그룹 성경공부들을 통해 검증이 된 책입니다. 적절한 개요 정리, 그림과 사진 자료들이 독자의 이해를 돕는 것도 이 책의 장점이라 할 수 있습니다. 이 책을 통해 성도들의 건강한 영성의 기초가 하나님의 말씀 위에 튼튼하게 형성되기를 함께 소원합니다.

– 한상호 목사(주안감리교회)

목회자후보생, 평신도 리더의 성경훈련 및 전교인 공과교재로 적극 추천

『은혜의 산맥을 따라가는 54주 성경일주』는 창세기부터 요한계시록까지 신구약의 이해를 돕는 은혜로 정리한 성경총서라고 할 수 있습니다. 누군가를 가르치기 위한 일방적 지침서라기보다 작은 공동체가 모여 말씀을 통해 믿음과 사랑의 교제를 더욱 돈독히 하는 신앙교제의 가교역할을 할 수 있는 책이라고 봅니다. 물론 홀로 조용히 성경책과 더불어 살펴보는 것도 매우 은혜롭겠지만 소그룹이 서로가 묵상하고 깨달은 바를 나누며 진리의 참맛과 기쁨을 누릴 수 있는 시대에 적절한 교재라고 생각합니다. 많은 교회가 다양한 성경교재로 공부하겠지만 성경의 역사를 통해 하나님과 인간의 관계회복, 성경의 인물과 상징을 통해 깨닫게 되는 하나님 사랑의 계시를 체계적으로 잘 정리된 교재로서 목회자와 평신도 리더 훈련은 물론 전 교인과 함께 할 수 있는 공과교재로도 활용할 수 있어 적극 추천하는 바입니다.

– 박기서 목사(부천밀알교회)

교회 제자훈련이나 공과교재로 적합한 세미나식 성경교재

단순히 책을 읽는 방식의 성경통독이 아니라 성경의 다양한 내용과 배경에 대한 기본 지식을 습득하며 재미있게 읽어 내려가는 성경통독을 하고 싶어 하는 분들로부터 자주 받게 되는 질문 중의 하나는 "어디 좋은 안내서 없습니까?" 입니다. 그 때마다 적당한 서적이 없어 난감해 했는데, 이번에 협성대학교 교목실장인 유성준 목사님께서 이러한 요구에 부합하는 『은혜의 산맥을 따라가는 54주 성경일주』를 마련하여 많은 사람들의 갈증을 풀어주게 되었습니다. 다양한 시대, 다양한 저자들에 의해 기록된 성경 각 권의 개요와 역사적 배경, 인물, 지도 등을 순서대로 적절히 배치하여 시각적인 효과와 더불어 가독성(可讀性)을 높이고 있습니다. 질문을 따라 성구를 찾다보면 쉽게 내용이해에 도달하게 되는 세미나식 성경교재로 교회 제자훈련이나 공과교재 등 다양하게 활용할 수 있을 것으로 사료되어 추천하는 바입니다.

– 서명수 교수(협성대학교 · 구약학)

서 문

저는 미국에서 20여년 목회를 하다가 2004년에 모교인 협성대학교에 돌아와 강의와 학원목회를 함께하는 사역을 감당하게 되었습니다.
21세기 들어와 더욱 두드러진 교회위기론과 그 현상들은 목회자인 저에게는 참으로 부끄럽고 두려운 기도제목이기도 합니다.

한국사회와 교회에 초대교회의 원형을 회복하기 원하는 참된 기독교 공동체의 대안모델(Alternative Model)로 제가 미국에서 경험한 작은 공동체 세이비어 교회를 한국교회에 전하게 되었습니다. 저의 간절한 기도는 미국을 움직이는 이 작은 교회의 놀라운 능력과 교인들의 변화된 모습을 오늘의 한국교회에 적용하고 싶었습니다.

2005년도에 세이비어교회의 영성과 사역을 소개했던 '미국을 움직이는 작은 공동체 세이비어교회' 출간 후 교계와 신학계에 큰 반응을 일으킨 것은 전적으로 한국교회를 사랑하시는 하나님의 응답이었습니다.
저는 이어서 세이비어교회의 작은 공동체 운동의 핵심목회철학인 소그룹 사역공동체의 사역원리와 실제를 어떻게 한국교회에 접목되어 뿌리내릴 것인가 사례를 모아서 교회부흥의 새로운 패러다임을 제시한 책 '세이비어교회 실천편-참된 교회를 이끄는 작은공동체'를 2007년에 발간하여 교회를 사랑하고 교회정체성의 회복을 갈망하는 많은 목회자와 그리스도인에게 읽혀지게 된 것은 참으로 감사한 일이었습니다.

이제 저는 초대교회의 원형을 회복하는 작은 공동체운동에서 좀 더 본질적인 문제에 접근해보기로 했습니다.

그것은 다름 아닌 기독교 영성의 핵심인 성경의 본질로 돌아가는 것입니다.

오늘날 교회가 세상문화에 중독되고 이성에 매몰되며 합리성이라는 달콤함으로 다원주의의 교묘한 침투를 방관한다는 것은 심각한 일이 아닐 수 없습니다.

저는 미국에서 목회하면서 사용하였던 평신도 성경교재를 이번에 새롭게 구성하여 성경 66권을 소그룹 성경공부용으로 엮어내게 되었습니다.

이 책이 '54주간의 성경여행' 라는 제호로 나오게 된 것은 소그룹이 모여 1년간의 시간을 가지고 매주 정해진 날에 모여 함께 성경의 가장 핵심적인 맥을 짚으며 삶을 나누며 서로의 삶을 위해 기도하며 교제하는 데 도구로 쓰임받기 원해서입니다.

저는 이 교재를 교우들에게 수요일 저녁에 강해한적이 있고 학교에서는 점심시간에 성경공부 교재로 (Lunch Break Bible Study)교직원들과 함께 지난 2년동안 공부하며 은혜를 나누었습니다. 또한 이책은 혼자서도 경건훈련을 위한 교재로도 (Self Bible Study)사용할 수 있을 것입니다.

이 책이 여러분에게 성경이 살아있는 하나님의 말씀이고 그 말씀은 우리의 삶을 좀 더 자유롭고 풍성하며 빛나게 인도하는 작은 다리가 되길 원합니다.

끝으로 이 책을 발간하기에 자료 제공과 도움을 주신 미국 오클라호마 타미 하이글(Tommy Higle)목사님과 번역작업을 도와준 사랑하는 친구 미국 버지니아주 온누리비젼교회 담임 이근호 목사님과 편집작업을 도와주신 열린문서선교연구원 김윤환 대표에게도 깊은 감사를 드립니다.

아무쪼록 하나님을 믿는 모든 사람이 성경중심의 삶을 통해 교회원형을 회복하는 일꾼으로 자라나길 간절히 바랍니다.

2008년 가을이 오는 문턱에서

봉담골에서 유 성 준

목차

성경여행에 앞서

제1장 모세 오경

제2장 역사서

제3장 시가서와 지혜서

제4장 선지서

NOTE

성경여행에 앞서

제1주 성경여행에 앞서

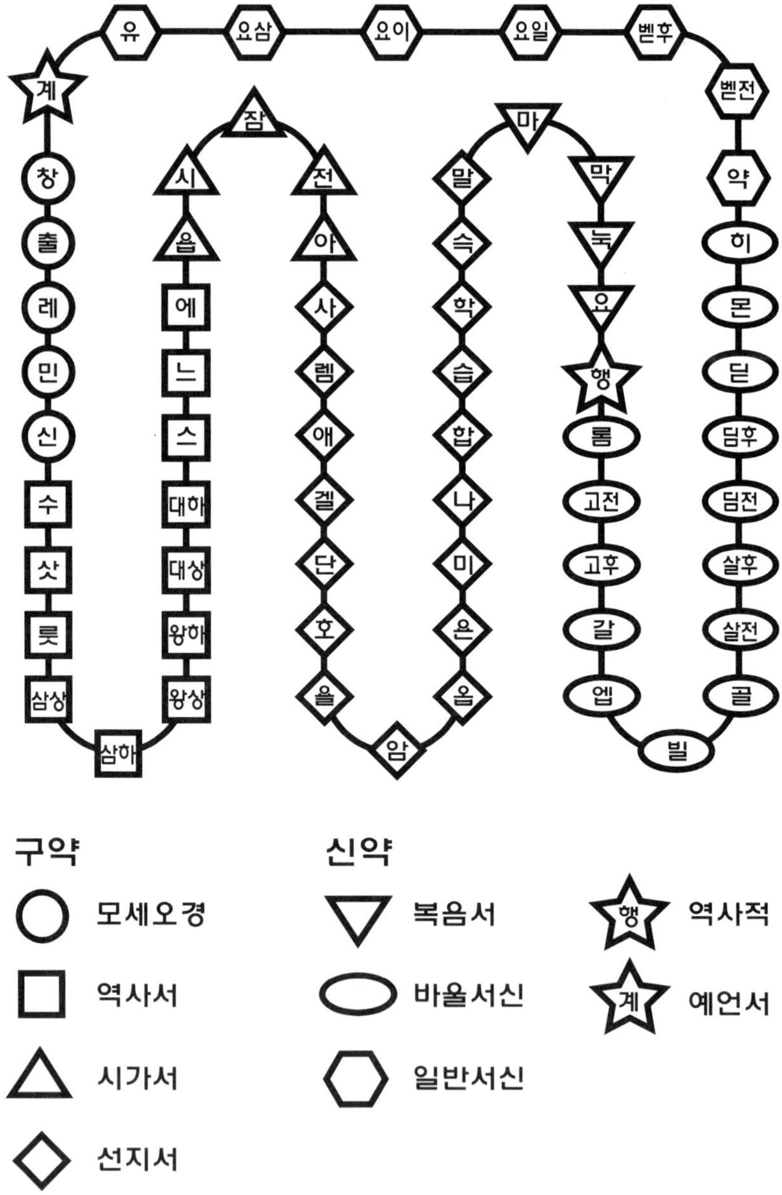

성경은 2,500년 이상의 기간동안 인류에게 위로와 영감의 근원이 되어져 왔습니다. 예수 그리스도를 따르는 어떠한 사람도 성경의 기본적인 지식이 없이는 결코 행복하고 효율적일 수 없습니다.

디모데 후서 2:15 를 읽으십시오 그리고 왜 그리스도인은 성경을 연구해야 하는지 설명해 보십시오.

이 52주의 과정동안 우리는 성경 각 권의 두드러지게 나타난 메시지와 또한 어떻게 각권이 성경 전체에 들어 맞는가를 발견 하도록 시도할 것입니다.

Ⅰ. 성경의 기원과 역사

성경은 의문의 여지없이 세상에서 가장 놀라운 책입니다 어떤 한 사람이나 사람들의 단체가 성경을 계획한 것이 아닙니다. 그것은 약 1,500년 이상의 기간동안 다른 지역들에서 씌여진 것입니다. 그것은 목자들, 농부들, 직업인들, 의사, 어부들, 철학자들, 왕들과 같이 각자가 다른 삶을 살았던 40여명의 저자들에 의하여 씌어 졌습니다. 이 저자들은 거리상으로 수백마일 멀리 떨어져 살았으며 시대상으로 수세기나 떨어져 살았던 사람들입니다.
대부분은 서로가 전혀 만나 본적도 없습니다. 그러나 성경은 마치 한 저자가 쓴것과 같이 꼭 들어 맞는 일치성이 있다고 하는 것입니다.

그 한분의 저자는 누구이며 또한 그의 메시지는 어떻게 씌어져 내려가게 되었습니까 ? <벧후 1:21>

세속적인 문학가들중 아마도 가장 위대한 셰익스피어의 작품들이 50개 미만의 언어들로 번역 되어진 반면에 성경은 1,100개 이상의 언어들로 번역 되어졌습니다. 성경이 중동지방에서 시작 되었음에도 불구하고 모든 나라와 인종의 장벽을 초월하여 모든 사

람들에 의해 받아 들여졌습니다. 3천만권 이상의 성경책이 매년 팔리고 있습니다.

Ⅱ. 성경의 주제

창세기에서 시작되며 계시록에서 끝나는 성경의 주제는 "인류의 구속" 입니다. 창세기 3장에 기록된 것과 같이 인간이 죄를 짓는 순간에 그는 영적으로 죽었고 영적 죽음의 형벌이 그에게 임하였습니다. 그러나 같은 장에 하나님은 이 죽음으로부터 인류를 구속하실 그의 의도를 선포 하셨습니다 <창3:15>. 이것이 성경에서 발견할 수 있는 메시야에 관한 가장 첫 번째 예언의 구절입니다. 이 구절은 누군가가 여자에게서 나서 옛뱀 곧 마귀를 무찌르실 것을 선포하고 있습니다.

구약은 히브리 민족의 역사인데 이 민족을 통하여 사탄의 머리를 부수고 인류를 구속할 이 사람이 태어나게 될 것을 말씀해주고 있습니다. 사탄은 여러 번 메시야가 태어나지 못하도록 히브리 민족을 말살시키려 했던 것입니다.

구약에는 여러 가지 부제들이 있습니다. 그러나 가장 주된 주제는 때가 찰 때에 태어나실 그분을 준비하는 것입니다.

구약의 이 주제는 신약에서 성취됩니다. 메시야를 향한 소망--다윗의 자손 아브라함의 자손 그리고 궁극적으로 하와의 후손--은 태어 났습니다. 마태는 창세기 3:15에 약속된 메시야가 오신 것을 보여주기 위해서 그의 책을 족보로 시작하고 있습니다.

그의 이름은 무엇입니까? <마1:1>______________________

Ⅲ. 성경의 구분

성경은 두 개의 주요 부분으로 나뉘어 집니다 : 구약과 신약.

'약' 이란 말은 "언약" 또는 "동의" 를 의미합니다.

두 언약서 사이의 차이는 구약은 하나님께서 그의 백성을 율법 아래서 다루신 것을 기록한 것이고 신약은 하나님께서 그의 백성을 은혜 아래서 다루신 것을 기록한 것입니다. 십자가에서 옛 언약은 끝나고 새 언약이 시작 되었습니다.

A. 구 약

(1) 구약의 첫 다섯권의 책들은 모세 오경이라고 불리웁니다.

오경이란 말은 "다섯권의 책"을 의미합니다. 이 책들은 일반적으로 율법서 라고 불리우는 별개의 단원으로써 구분되어 집니다.

이 책들은 :

창 세 기	________
________	신 명 기
레 위 기	________

이 다섯권의 책들을 기록 하도록 하나님께서 누구에게 영감을 주셨습니까? <요1:45, 7:19> ______________________________

____

(2) 다음 12권의 책들은 역사서 라고 불리웁니다.

이 책들은 주님께서 어떻게 선택된 백성들을 약속의 땅으로 인도 하셨으며 어떻게 해서 율법은 구원을 줄 수 없는지를 우리에게 보여 줍니다. 이 책들은 이스라엘의 계속적인 배역을 다루며 이스라엘의 위대한 지도자들과 왕들에 대한 이야기들을 우리에게 말해주고 있습니다.

이 책들은 :

여호수아　사무엘하　역대하

______	열왕기상	에스라
룻 기	열왕기하	느헤미아
사무엘상	역대상	______

(3) 구약의 세 번째 부분은 시가서 입니다. 이 책들은 격려와 위로와 지혜와 노래들의 책들입니다. 이들은 또한 지혜서라고 불리워 집니다.

이 책들은 :

욥 기	전도서
______	아가서
잠 언	

(4) 구약의 네 번째 부분은 선지서 입니다.
이 부분에는 17권의 책이 있으며 두 부분으로 나뉘어 집니다.
– '대' 와 '소'

이들이 '대' 와 '소' 로 불리우는 것은 어떤것이 다른 것보다 더 중요하기 때문이 아니라 각 책 안에 포함된 내용의 분량 때문입니다. 다시 말해서 대 선지서들은 소 선지서들 보다 그 분량이 더 많습니다.

'선지' 라는 말은 무엇을 의미 합니까? <출7:1-2 참조>__________

____

대 선지서는 :

이 사 야	에 스 겔
예 레 미 야	______
예레미아 애가	

소 선지서는 :

호세아	______	스바냐
______	미 가	______
아모스	나 훔	스가랴
오바댜	하박국	말라기

이것을 전부 합치면 구약은 ______권이 되며, 율법서, 역사서, ______와 선지서의 네 구분으로 나뉘어 집니다.

B. 신 약

(1) 신약의 첫 부분은 복음서 라고 불리워 집니다.

이 책들은 또한 예수 그리스도의 삶과 가르침 뿐만이 아니라 그의 죽으심과 장사와 부활에 관해서 이야기해 줌으로써 "전기"라고도 불리워 집니다.

이 복음서들은 :

마태복음	누가복음
마가복음	______

(2) 신약의 다음부분은 역사적인 내용을 담고있는 유일한 책인 사도행전입니다. 이 책은 누가복음의 연속이며 초대교회의 기원과 성장을 다루고 있습니다.

(3) 다음은 바울서신 입니다. 사도바울은 신약의 거의 절반을 기록했습니다. 만일 히브리서가 포함 된다면 이 열네권의 책은 세 부분으로 나뉘어 집니다: 교회서신, 목회서신, 개인서신.

교회서신들 :

로 마 서	______	______
고린도전서	에베소서	데살로니가전서

고린도후서　빌립보서　데살로니가후서

목회서신들 :

디모데전서　디모데후서

개인서신들 :

빌레몬서　히브리서

(4) 다음 부분은 일반서신입니다. 각 권은 그 저자의 이름을 담고 있습니다.

이 책들은 :

야고보서　요한이서

베드로전서　요한삼서

베드로후서　________

요한일서

(5) 신약은 한 권의 예언서를 갖고 있습니다.

그것은 계시록이라고 불리워 집니다. 그것은 사도요한에 의해 기록되어졌습니다. 이것은 신약만이 아니라 성경전체의 마지막 책입니다.

그러므로 신약에는 4복음서와 1권의 역사서와, 14권의 바울서신과, 7권의 일반서신과 1권의 예언서 합계 _____권이 있습니다.

성경전체 안에는 전부 _____권의 책이 있습니다.

Ⅳ. 어떻게 성경을 연구할 것인가?

하나님의 말씀을 체계적인 방법으로 연구하지 않고서는 어떠한 그리스도인도 성숙하기란 불가능한 것입니다. 당신이 읽는 그것이 당신에게 말씀해 주도록 하십시오. 저는 당신이 단지 한번에 10 내지 15귀절만을 읽으시기를 제안합니다. 좋은 방법은 대부분의 성경에 표시된 단락에 의해서 성경을 연구하는 것입니다. 당신이 한번에 연구하는 성경의 많고 적음에 관계없이 당신이 읽으려고 하는 것을 이해할 수 있도록 항상 하나님께 도움을 요청 하십시오. 아래에 열거된 것은 당신의 성경연구를 통하여 가장 많은 것을 얻을 수 있는 몇가지 중요한 정보들입니다.

첫째로 좋은 성경책을 갖으십시오. 당신이 댓가를 지불한 만큼 얻는다는 데에는 좋은 성경책도 예외가 아닙니다. 당신의 담임 목사님이나 교사에게 도움을 구하십시오.

둘째로 좋은 성경주석을 갖으십시오. 그것은 어려운 문장들의 의미를 이해하는데 있어 매우 도움이 될 것입니다.

셋째로 좋은 성경사전을 갖으십시오. 그것은 성경에 나오는 어려운 단어들의 정의와 배경을 알려줄 것입니다.

원문에 관심있는 성경 연구가들을 위해서는 W.E. Vine 이 지은 Expository Dictionary of New Testament Words가 아주 좋습니다.

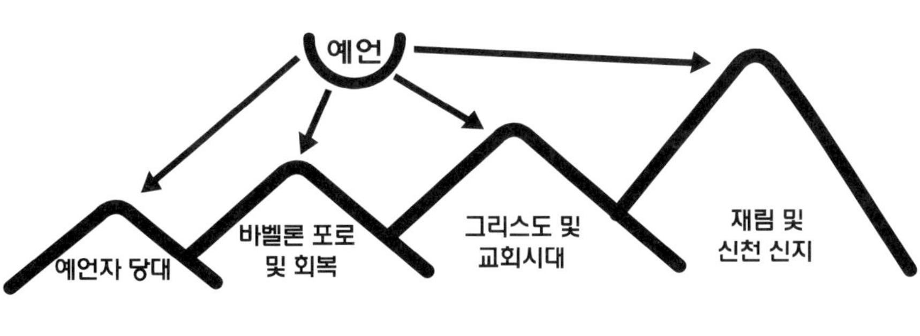

NOTE

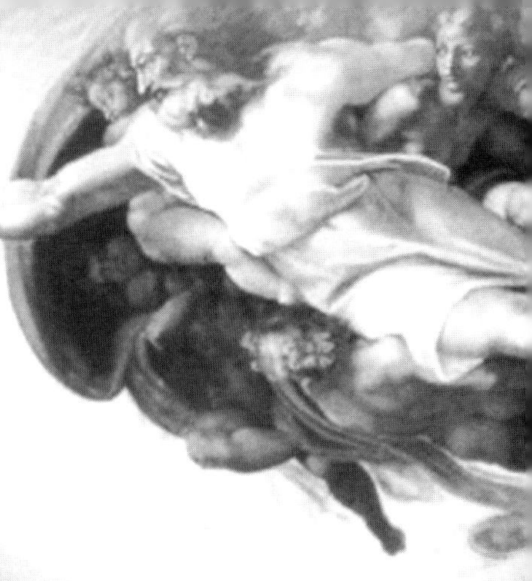

제 1 장 모세 오경

오경이란 히브리말로 '토라'(Torah)라고 부르며, '율법서'라고 번역하기도 합니다. 그러나 율법서라고 해서 오경이 법조문이나 법령들로만 이루어진 것은 아닙니다. '토라'라는 말은 '가르침' 혹은 '교훈'을 의미하는 말인데 사실 오경(토라)은 하나님의 은총으로 선택 받은(신 7:6-8) 이스라엘 백성이 알고 지켜야 할 규범을 요약한 것이라고 볼 수 있습니다. 그러나 율법은 구원을 받기 위한 조건은 아닙니다. 율법이나 계명은 이미 하나님의 은혜로 구원받은 백성들이 준수할 자발적인 규범이지, 결코 구원을 얻기 위해 지켜야 하는 강제 규범은 아닙니다. 따라서 오경의 내용은 법률적인 요소보다는 여호와 하나님과 이스라엘 백성간에 일어났던 역사적 사건들에 대한 이야기가 그 주를 이루고 있다고 하겠습니다.

'오경'(Pentateuch)은 '다섯 두루마리'라는 뜻을 가진 말로서 모세가 기록한 창세기, 출애굽기, 레위기, 민수기, 신명기의 다섯 책을 말합니다. 이것은 모세가 썼다고 해서 모세 오경이라고 부르기도 하는 거죠. 모세 오경의 중심내용은 하나님의 천지 창조, 아브라함의 선택, 족장들의 이야기, 출애굽 사건, 시내산 언약, 광야에서의 유랑 생활 등이 기록되어 있습니다.

창세기

13세기 독일계 유대인 성경에 나오는 창세기 표제지이다. 삽화 가운데있는 히브리 글자는 창세기에서 처음 시작되는 단어를 적고 있다. 이 삽화는 유대인적 상징과 기독교인적 관습이 혼합되어 있다.

제2주 창 세 기

창세기는 성경에서 일반적으로 이름을 짓는 원칙에 의해서 그 이름이 지어졌습니다. 이 책은 우주, 동물과 식물의 생성, 사람, 죄와 히브리 민족같은 사건들의 시작을 다루고 있습니다. 창세기란 말은 "세상의 시작 혹은 기원"을 뜻합니다. 그러므로 그것은 성경의 첫 번째 책으로써 적합한 이름입니다.

(참고 : 이것은 당신이 성경을 연구할 때 기억해야 할 중요한 원칙입니다. 왜냐하면 많은 경우에 있어서 책의 이름은 그 책이 무엇에 관한 것인가를 나타내주기 때문입니다. 이 원칙은 모세의 다섯권의 책들 전부에 적용됩니다)

창세기의 목적은 하나님께서 어떻게 모든 것을 창조하셨는가에 관한 세부적인 설명을 주는데 있는 것이 아니라 각 장에 몇가지 기본적인 사실들을 담아 일반적인 윤곽을 제시하는데 있습니다. 그 목적은 우리에게 어떻게(How)를 말해주려는 것이 아니라 누가(Who)를 말해 주려는 것입니다.

창세기의 간략한 개요 :

I. 전 인 류 (1 - 11 장)

A. 창 조 (1 -2)

B. 인간의 타락 (3 - 4)

C. 노아와 홍수 (5 - 10)

D. 바 벨 탑 (11)

Ⅱ. 이스라엘의 족장들 (12 - 50 장)

A. 아브라함의 생애 (12 -25)

B. 이삭의 생애 (21 - 35)

C. 야곱의 생애 (25 - 49)

D. 요셉의 생애 (30 - 50)

****

Ⅰ. 전 인 류 (1 - 11 장)

A. 창 조 (1 - 2장)

이 두장의 깊이와 충만함은 한번의 짧은 수업으로 결코 설명되어질 수 없기 때문에 우리는 간단히 주요한 진리들만을 살펴볼 것입니다.

1) 창조주 : 어떠한 신학자나 과학자도 "태초에 하나님이 ..."라는 창조에 관한 서두를 개선할 수 없습니다. 창세기 1장에서 하나님의 이름은 엘로힘인데 그 뜻은 "무한한 힘과 절대적인 신실하심"을 의미하고 있습니다. 창세기 2장에서는 그 이름이 여호와 하나님으로 우리에게 소개되고 있습니다.

성령님은 성경에서 흔히 하나님께서 물질적인 우주를 다루실 때 그분의 이름을 언급하시기 위하여 엘로힘이라는 이름을 사용하십니다. 엘로힘이란 이름은 한국어 성경에는 '하나님' 으로 번역되어 있습니다. <역자 주>

그러나 하나님께서 그의 백성을 다루실 때는 여호와라는 말을 사용하십니다.

노아의 이야기는 이것의 좋은 예입니다. 창세기 6장 22절과 7장 1절 그리고 16절을 읽으시면서 하나님에 대한 이 두 이름들이 사용된 것을 주목해 보십시오. 하나님께서 짐승들을 다루실 때는 엘

■ **창세기**

1. 기록자 : 모세
2. 기록연대 :
   B.C. 1450~1400년 사이
3. 기록장소 :
   일반적으로 보수주의 신학자들은 모세가 시내산에 머무는 동안 이 계시를 받았다고 생각한다.
4. 기록대상 :
   창세기는 이스라엘 백성을 위해서 기록되었다. 그러나 하나님께서 족장들에게 하신 약속들과 예수 그리스도를 통하여 이루실 인류의 구속 및 하나님의 사랑에 대한 기초들이 제시되어 있는 것을 볼 때 역사를 초월하여 모든 인류를 대상으로 하고 있음을 알 수 있다.
5. 핵심어 및 내용 :
   창세기의 핵심어는 "시작", "인간", "언약"이다. 창세기는 하늘과 땅, 식물과 동물, 남자와 여자, 죄와 문명, 하나님의 구속사역이 어떻게 시작되었는지를 설명해 주고 있다. 또한 언약을 통하여서 인류에 대한 하나님의 영원한 구속 계획 제시되었다. 하나님은 이 언약을 아브라함과 맺으셨다.

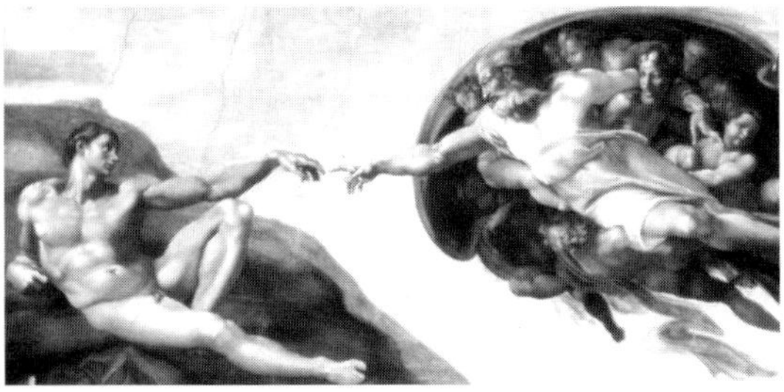

아담의 창조
미켈란젤로(Michelangelo)가 제작한 시스틴 성당의 천장화 중 일부분이다. 하늘로부터 강렬하게 돌진하는 하나님은 아기 천사들에 둘러싸인 이브를 옆에 끼고, 아담을 향해 검지손가락을 뻗고 있다. 인간과 하나님의 관계 설정은 아담의 표정과 육체와 영혼을 부여하는 신의 강렬한 눈빛으로 가늠할 수 있게 된다. 몸이 반쯤 세워진 아담이 하나님에게 생명의 힘을 전해 받고 있다.

로힘이란 이름이 사용되었으나 노아를 방주 안에 넣고 그 문을 닫으실 때 그 이름은 여호와로 기록되어 있습니다. 하나님과 그의 백성과의 관계는 그분과 다른 모든 피조물과의 관계와는 다른 것입니다.

2) 창조의 7일 : 창세기 1장에서 '날'에 관한 히브리 말은 '욤'이며 그것은 반드시 24시간의 기간을 말하는 것이 아닙니다. 그것은 또한 성경에서 때, 시대, 영구적 등을 의미하기도 합니다. 하나님은 수백만년이 걸리는 과정을 통해서 우주를 창조하셨을 수도 있고 혹은 모든 피조물을 단순히 말씀하심으로 순간적으로 만드셨을 수도 있는 것입니다.

어떤 분들은 하나님이 순간적으로 창조하셨다는 것을 받아들이기가 어려울 것입니다. 그러나 만일 당신이 대부분의 사람에게 '하나님께서 아담을 창조 하셨을 때에 그가 몇 살쯤 되었을까요?' 라고 묻는다면 그들은 아마도 '30세 또는 35세' 라고 대답할 것입니다. 만일 하나님께서 아담을 그러한 나이로 창조 하셨다면 그분이 지구, 달, 별들 그리고 모든 우주에도 그와같이 하실 수 없겠습니까? 의심할 여지없이 전지전능하신 하나님께서 바로 이 순간에 창조하실 수 있으신 어떤 것들 또는 모든 것들이 과학적인 조사 아래서는 수백만년 혹은 수십억년 된 것으로 나타날 수 있는 것입니다. 하나님께서는 물질뿐만 아니라 시간도 창조하실 수 있으십니다.

첫째날 : 빛이 창조되다 <1:3-5>
둘째날 : ________________ <1:6-8>
셋째날 : 땅과 식물이 창조되다 <1:9-13>
넷째날 : 해, 달, 별들이 창조되다 <1:14-19>
다섯째날 : ________________ <1:20-23>

여섯째날 : 짐승들과 사람이 창조되다 <1:24-31>

일곱째날 : ____________________ <2:2-3>

B. 인간의 타락 (3 - 4장)

1) 유혹 : 하나님은 죄를 만드시지도 않으셨을 뿐 아니라 인간을 죄짓도록 유혹하지도 않으십니다. 유혹은 사탄이 하는 일입니다. <3:1-6>

2) 죄 : 하와는 사탄의 유혹에 굴복했고 아담을 동참케 했으며 그 결과로 인류는 타락했습니다.

3) 죄의 결과 : 즉각적으로 결백성과 영광을 잃어버렸고 죄의식을 갖게 되었습니다. 또한 하나님과 교제하고자 하는 욕구도 잃어버리고 말았습니다.

아담과 하와 그 누구도 책임을 지기를 원치 않았다는 사실을 주목하십시오 아담은 하와를 비난했고 하와는 뱀을 비난하였으나 하나님은 그들 모두에게 책임을 물었습니다. <3:17-19>

4) 구속자의 약속 : 창세기 3:15 은 오실 메시야에 관하여 성경에서 처음으로 언급되 구절입니다.

5) 죄의 진행 : 4장에서 우리는 '분노', '질투', '증오' 그리고 결과적으로 살인을 발견합니다.

___________은 ___________을 죽였습니다. <4:8>

죄는 더 많은 죄를 낳습니다.

C. 노아와 홍수 (5 - 11장)

이 부분은 홍수 사건과 노아의 믿음을 강조해서 보여줍니다. 만일 우리가 우리 주님의 다시 오심이 가까이 온 때를 알기 원한다면 노아의 때에 무슨 일이 일어났느지를 이해해야 합니다.

노아의 때와 예수 그리스도의 재림이 가까운 때 사이에 유사점들은 무엇입니까? <마24:37-39>

D. 바 벨 탑 (11장)

홍수이후 하나님께서는 인간들에게 이 땅을 다시 채우도록 명령하셨으나 그들은 다른 계획들을 가지고 있었습니다. 사람들은 무엇을 했습니까? <11:1-4>

하나님은 처음에는 의도하셨던대로 사람들을 온 지상에 흩어놓으시기 위하여 그들에게 다른 언어들을 말하게 하셨습니다. '바벨' 이란 말은 '혼돈' 을 의미하는 것입니다.

Ⅱ. 이스라엘의 족장들 (12 - 50 장)

A. 아브라함의 생애 (12 - 50장)

이제 우리는 성경에서 가장 위대한 모험적인 사건중의 한곳에 왔습니다. -하나님과 동행한 아브라함의 삶입니다. 하나님은 이 사람을 사용하셔서 이 세상에 구세주를 보내 주시겠다는 창세기 3:15의 그분의 약속을 이루어 나가기 시작하십니다.

하나님은 이 사람과 그의 후손을 통해서 무엇을 하실것을 약속하셨습니까? <창12:2-3>

B. 이삭의 생애 (21 - 35장)

이삭은 그 어느 다른 족장들보다도 더 오래 살았음에도 불구하고 그의 생애가 다른 족장들에 비해 흥미가 덜하므로 창세기 연구에서 흔히 빠뜨리게 됩니다. 하나님께서는 이삭의 아버지 아브라함과 맺은 언약을 그와 재 확인 하셨습니다.

C. 야곱의 생애 (25 – 49장)

이삭에게는 야곱이라고 이름하는 아들이 있었는데 그는 12명의 아들을 두었습니다.

그들은 :

르우벤	______	갓	스블론
시므온	단	______	요 셉
레 위	납달리	잇사갈	______

이들은 이스라엘 열두 지파의 머리들이 되었습니다. '이스라엘'은 하나님께서 야곱에게 주신 이름이며 <32:28> 그후에 유대 나라의 이름이 되었습니다.

그리스도는 어느 지파에서 오셨습니까? <창49:10, 마1:2, 눅3:33>

____

D. 요셉의 생애 (30 – 50장)

야곱의 12 아들중에 하나인 요셉의 이야기는 성경에서 가장 긴장감 있는 전기중의 하나입니다.

창세기 45:4–8과 50:18–20을 읽고 요셉의 생애가 어떻게 하나님의 주권과 그의 백성에 대한 돌보심을 드러내주고 있는지 설명해 보십시오. (롬8:28도 보시기 바랍니다)

____

____

창세기는 요셉의 죽음으로 끝맺습니다. 이 책은 에덴동산에서 시작해서 무덤에서 마칩니다. ––이 얼마나 죄의 결과에 대해서 잘 나타내주는 말입니까 !

출애굽기

13세기 독일계 유대인 성경에 나오는 출애굽기 표제지이다. 삽화 가운데있는 히브리 글자는 출애굽기에서 처음 시작되는 단어를 적고 있다. 이 삽화는 유대인적 상징과 기독교인적 관습이 혼합되어 있다.

제3주 출애굽기

이 책은 이스라엘 민족의 애굽에서의 노예생활과 모세를 통하여 하나님께서 그들을 해방시킨 사실을 우리에게 말해주고 있으므로 "밖으로 나가다" 혹은 "빠져 나가다"를 뜻하는 출애굽기로 이름이 불리워지게 되었습니다. 이 책전체는 메시야의 모형과 상징으로 가득차 있습니다. 출애굽기의 중심단어는 구속 이며 그 말은 "자유케 함"을 의미합니다.

출애굽기의 저자가 모세라는 사실은 예수님 자신이 누가복음 24:44과 요한복음 5:46:47에서 증언하셨으므로 의심할 여지가 없는 것입니다.

출애굽기는 히브리어에서 그 처음이 '그리고' 라는 말로 시작함으로 창세기의 연속인 것입니다. 이 책은 야곱의 가족으로부터 히브리 국가의 성장에 관한 기초적인 정보를 제시해 주고 있습니다.

출애굽기 1:5과 12:37 에 의하면 야곱의 가족은 그들이 애굽에 거주하는 동안 숫자적으로 얼마나 성장하였습니까?

____

____

이 책 안에, 특별히 성막 안에는 수많은 모형과 상징이 있습니다.
출애굽기는 또한 하나님께서 십계명을 주신 것을 기록하고 있습니다.

이 책의 지식이 없이는 신약의 많은 부분을 이해하기가 불가능

할 것입니다.

출애굽기의 간략한 개요 :

Ⅰ. 출 애 굽 (1 - 18장)

Ⅱ. 율 법 (19 - 24장)

Ⅲ. 성 막 (25 - 40장)

****

Ⅰ. 출 애 굽 (1 - 18장)

A. 하나님의 백성의 노예생활 〈1장〉

애굽에서는 새 왕이 나와서 숫자가 심히 많이 늘어 그에게 위협을 주는 유대인들을 노예로 만들어 버렸습니다. 더욱이 그는 산파들에게 명하여 모든 히브리 남자 아기들을 죽이라고 했습니다. 사탄은 벌써 약속된 구속자가 태어나지 못하도록 히브리 민족을 말살시키는 일을 시작했던 것입니다.

B. 구 속 자 (2 - 4장)

마치 하나님은 아무것도 하지 않으시는것 같았습니다. 만일 히브리인들이 하나님께서 아브라함에게 말씀하신 것을 (창15:13) 기억했다면 그들은 400년이 지나야만 했다는 것을 알았을 것입니다. 하나님은 결코 서두르시는 법이 없으시며 그의 계획은 언제나 완전하십니다. 모든 히브리 아이들을 죽이라는 명령이 났음에도 불구하고 하나님은 바로의 딸의 마음을 사용하사 그의 종 모세를 살리셨습니다.

모세는 40세가 되었을 때 한 애굽인을 죽이고 광야로 도망가야

■ **출애굽기**

1. 기록자 : 모세
2. 기록연대 :
   B.C. 1450~1400년 사이
3. 기록장소 :
   일반적으로 보수주의 신학자들은 모세가 시내산에 머무는 동안 이 계시를 받았다고 생각한다.
4. 기록대상 : 이스라엘 백성
5. 핵심어 및 내용 :
   출애굽기의 핵심어는 "구출", "구속", "계명"등이다. 노예의 신분으로 억압받고 있던 이스라엘 민족을 구출해낸 사건은 하나님께서 택하신 백성을 완전히 구속하시기 위하여 행하신 많은 이적들 가운데 하나이다. 또한 십계명과 다른 율법들은 어떻게 사는 것이 하나님께서 바라는 삶인가를 가르쳐주고 있다.

했습니다.<행7:23-29> 모세는 미디안 광야에서 몇 년이나 양을 치며 보냈습니까?

미디안 광야에 있을 때에 모세는 하나님에 의하여 그의 백성을 애굽에서 인도해 내오도록 부르심을 받았습니다.

돌판을 들고 있는 모세
렘브란트(Rembrandt) 작품으로, 모세가 십계명이 적힌 돌판을 들고 있다.

C. 열가지 재앙과 유월절 (5 – 13장)

이 장들에서 모세는 바로에게 일곱 번 '내 백성을 보내라' 고 말합니다. 하나님은 그의 백성들이 자유하여져서 그를 섬기기를 원하십니다. 바로는 이스라엘 백성들을 보내기를 거부 합니다. 그러므로 하나님은 애굽인들 위에 10가지의 연속적인 재앙을 보내십니다.

마지막 재앙은 무엇이었습니까? <11:5>

유월절은 사망의 천사가 히브리인들의 장자의 목숨을 죽이지 않고 한 밤중 그들의 집을 넘어가게 하기 위하여 하나님께서 그의 백성들에게 무엇을 해야 하는가를 말씀하신 것을 다룬 것입니다. <출12:1-14>

D. 히브리 인들의 초기의 자유 (14–18장)

10번째 재앙 이후 히브리인들은 해방되었습니다. 그러나 그들의 믿음은 홍해 앞에서 곧 시험을 받았습니다. 16–18장은 그들의 초기 광야 방랑생활과 하늘로부터 내린 만나 그리고 재판관들의 임명을 기술하고 있습니다.

Ⅱ. 율 법 (19 - 24장)

애굽을 떠난지 3개월 후에 이스라엘 백성들은 시내산에 이르렀습니다. 거기에서 하나님은 그들을 구원하신 그의 목적을 알리셨습니다.

왜 하나님께서 그들을 구원 하셨습니까 ? <19:3-6>

출애굽기 20장에서 하나님은 그의 백성들에게 우리가 십계명이 라고 부르는 것을 주셨습니다.

예수님은 이 계명들을 어떻게 요약 하셨습니까? <마22:37-49>

1. ____________________

2. ____________________

십계명의 처음 넷은 인간의 하나님을 향한 관계를 다루고 있고 나중 여섯은 인간의 타인을 향한 관계를 다루고 있음을 주목 하십시오. 안식일을 거룩히 지키라고 하는 십계명중 네 번째 것은 신약에서 반복되고 있지 않음을 기억 하십시오.

율법의 목적은 무엇입니까 ? <갈3:19-24, 와 롬5:20>

Ⅲ. 성 막 (25 - 40장)

출애굽기의 이 부분에서 하나님은 모세에게 성막을 지을 것과 주님의 정확한 설계에 따라 기구를 설치할 것을 지시하셨습니다. 이 신성한 건축물은 이후 수세기동안 유대인의 삶의 중심이 되었습니다. 그것의 모든 부분은 중요한 영적의미와 상징을 갖고 있습니다.

왜 하나님은 이 성막을 원하셨습니까 ? <출25:8>

성막은 사방이 뜰로 둘러 싸여져 있습니다. 20규빗 (30피트) 넓

성막(Tabernacle)전경 (모형)
성막은 하나님이 이스라엘 백성들을 만나주시고, 이스라엘 백성이 하나님께 희생제사를 드림으로써 죄의 용서를 받는 처소였다. 하나님께서 시내산에서 모세에게 보이신 양식대로 지어졌는데 (출 25장-40장), 길이 45m, 폭22.5m의 울타리로 둘러 싸인 뜰에는 번제단, 물두멍, 성막이 위치한다.

이의 문이 성막뜰로 들어가는 오직 유일한 입구입니다. 뜰과 성막 안에는 여섯 개의 기구들이 있습니다. 아래의 설명을 읽고 34 페이지 성막도표 아래의 빈칸을 채워 넣으십시오.

⇒문으로 들어가면 제일먼저 번제단 혹은 놋제단을 만날 것입니다. <출27:1-8>

이것이 이스라엘 백성이 그들의 제물을 드린 곳입니다. 그들은 그들의 손을 짐승의 머리 위에 얹고 그들의 죄를 고백했는데 이것은 상징적으로 그들의 죄를 짐승에게 전가하는 것이었습니다. 그리고서는 이스라엘 사람들은 그 짐승의 피를 지정된 장소에 발랐습니다.

이것은 백성들에게 죄의 형벌은 사망임을 가르쳐주는 것이었습니다.

⇒성막을 향해 계속해 가면 다음에 만나는 기구는 물두멍입니다 <30:18>.

두멍(영어로는 Laver)이란 말은 "씻는 장소"라는 뜻으로 여기에서 세면실(Lavatory) 이라는 단어가 나오게 되었습니다.

이 물두멍은 아론과 그의 아들들이 성막에 들어가기 전에 그들의 손과 발을 씻을 수 있도록 성막과 번제단 사이에 놓여져 있습니다. 물두멍은 하나님의 임재하심에 들어가기 전 죄로부터 씻김받아야 할 필요를 말해주고 있습니다

그리스도인들에게는 요한일서 1:9의 지시를 따를 것을 의미합니다.

⇒물두멍에서 씻은 후 제사장은 성막의 첫 번째 방에 들어갑니다.

이 방은 성소라고 불리워 집니다. 성소에는 세 개의 기구들이 있습니다.

⇒남으로 향한 벽쪽에는 제사장들이 성소에서 그들의 의무를 이행하도록 빛을 비추는 금촛대가 있습니다. 성경은 금촛대가 순금 한 달란트로 만들어진 것 외에는 어떠한 치수도 주고 있지 않습니다. 한달란트의 금은 94 파운드의 무게에 해당합니다. <출25:31-40>

만일 금 한 온스가 $450의 값이라면 금촛대는 얼마큼의 값이 나갈까요?

⇒북으로 향한 벽쪽에는 떡상이 있습니다. 그것은 조각목으로 만들어져 그 위에 순금을 입힌 것입니다. 그것은 2피트가 약간 넘는 높이 (1.5규빗 = 약2.25피트)이며 3피트 길이에 1.5피트 넓이로 되었습니다. 12지파를 나타내 주는 12개의 작은 떡이 상위에 놓여져 있습니다. 모든 대접들과 숟갈들은 순금으로 되었습니다. 이 떡은 하나님께서 잡수시기 위한 것이 아니라 이스라엘 백성들이 그들의 일용할 양식을 하나님께 의존하는 것을 상징적으로 생각나게 하기 위함인 것입니다.

⇒성소안의 마지막 기구는 향단입니다. 그것의 세부적인 설명은 출애굽기 30:1-10에서 찾아볼 수 있습니다. 제사장들은 예배의 행위로써 매일 하루에 두차례씩 그 위에 향을 피웁니다. 그것은 계속적인 중보를 말해주는 것입니다.

성소와 지성소 사이에는 휘장이 놓여 있습니다. <출26:31-37>

오직 대 제사장만이 휘장을 통과해 지성소 안으로 들어갈 수 있습니다. 그 외에 다른 사람은 쳐 죽임을 당하게 됩니다.

마태복음27:51에 의하면 예수께서 죽으시는 순간 이 휘장에 어떤 일이 발생했으며 이것은 무엇을 의미합니까?

⇒다음에 지성소가 나오는데 그것은 언약궤라고 하는 단 하나의 기구만을 포함하고 있습니다. <출25:10-22>

언약궤 안에 담겨있는 세가지 내용물은 무엇입니까 ?<출25:16과 히9:4>

____

____

⇒언약궤 위에는 금으로된 두 그룹이(천사들) 날개를 서로 연하여 있습니다 궤 윗부분은 속죄소인데 대 제사장은 속죄일에 그 위에다 피를 뿌립니다.

마지막 속죄는 언제 이루어 졌습니까 ?<롬5:6-11>

____

____

성 막 - 평면도

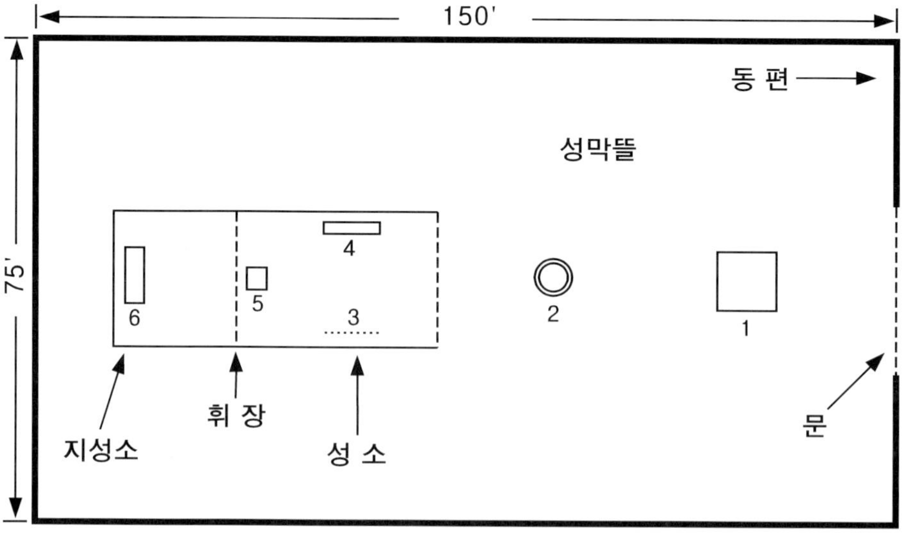

기 구

1.______________ 3.______________ 5.______________

2.______________ 4.______________ 6.______________

제4주 레 위 기

이 책은 레위인들의 의무를 다루고 있으므로 레위기라고 불리어지는데 그말은 "레위인들에 관함"을 뜻하고 있습니다. 레위인들은 레위지파에 속한 이스라엘의 제사장들이었습니다. 이 책은 예배와 깨끗케 함과 속죄일과 성결과 구속에 관하여 제사장들에게 주는 하나님의 신성한 지시의 내용을 담고 있습니다.

창세기는 인간의 죄와 정죄에 관한 기록입니다. 출애굽기에서 이스라엘 백성들은 애굽에서 인도함을 받아 나와 시내산까지 이르렀습니다. 이제 레위기에서 우리는 어떻게 타락한 인간이 거룩한 하나님과 교제와 연합을 맺을 수 있는지를 발견 할 수 있습니다. 성결과 죄는 이 책의 중요한 단어들로써 제사를 위한 필요성을 강조해주고 있습니다. 피나 제사 같은 것들은 현대인들의 마음에는 소름끼치는 것입니다. 오늘날의 사람들은 희생을 요구하지 않는 종교를 원하는데 그것은 불가능한 것입니다.

레위기가 없이는 예수님께서 십자가 상에서 그의 피로 드린 마지막 제사를 이해하기 어려울 것입니다.

레위기의 주요 단어들은 교제 와 성결입니다.
이 책은 예배를 위한 소책자입니다.

레위기의 간략한 개요 :

Ⅰ. 제　사 (1 - 7장)

레위기
13세기 독일계 유대인 성경에 나오는 레위기 표제지이다. 삽화 가운데있는 히브리 글자는 레위기에서 처음 시작되는 단어를 적고 있다. 이 삽화는 유대인적 상징과 기독교인적 관습이 혼합되어 있다.

Ⅱ. 제사장직 (8 - 10장)

Ⅲ. 정결함과 부정함 (11 - 15장)

Ⅳ. 속 죄 (16장)

Ⅴ. 성 일 (17 - 27장)

****

Ⅰ. 제 사 (1 - 7장)

A. 번 제 (1장)

이 제사는 집에서 기르는 짐승의 수컷이어야 합니다. (양, 염소, 가축, 산비둘기, 집비둘기). 야생짐승은 제물로 열납되지 못하는데 그것은 아마도 예배자들이 아무런 값도 치루지 않기 때문일 것입니다. 모든 짐승은 희생을 당해야만 합니다.

로마서 12:1에 의하면 오늘날 우리는 어떤 종류의 제사를 드려야만 할까요?

____

B. 소 제 (2장)

'소'란 말은 실제로 곡식을 의미합니다. 이 제사에는 피가 포함되지 않습니다. 여기에는 고운곡식 가루나 밀가루로 세가지중 한가지 방법으로 준비되어 집니다: 화덕에 굽거나 (4절), 번철에 부치거나 (5절), 솥에 삶음 (7절)

11절에 의하면 이 제사에 사용할 수 없는것 두가지는 무엇입니까?

1.______________ 2.______________

C. 화 목 제 (3장)

화목제를 위한 절차는 한 가지의 예외를 빼 놓고는 번제와 똑같습니다. 그것은 짐승 전체를 불로 태우지 않고 기름만 태우며 그 나머지는 제사장들과 예배자들이 먹는다는 것입니다. 이 제사는 하나님과의 교제를 의미하는데 왜냐하면 예배자들이 희생당한 그 짐승의 살을 먹도록 허락되었기 때문입니다.

D. 속 죄 제 (4:1 – 5:13)

속죄제를 요구하는 세 종류의 죄가 있습니다.

그 첫째는 범죄에 대한 증인으로서 그 본일이나 아는 일을 진술치 아니하는 것과 관련되어진 죄 <5:1>, 그 둘째는 부정한 것을 만짐으로써 초래되는 죄 <5:2-3>, 그리고 그 셋째는 생각지 않고 입으로 맹세를 발하여 악을 하리라 하든지 선을 하리라 한 후 자기가 맹세한 것이 무엇인지 깨닫지 못하다가 그것을 깨다를 때에 <5:4-5> 드리는 제사입니다.

이 제사의 내용은 또한 가난한 자를 위한 주님의 관심을 우리에게 보여주고 있습니다. 만일 어떤 사람이 어린양을 가져올 수 없으면 그는 산비둘기 둘이나 집비둘기 새끼 둘을 가져올 수 있습니다. 만일 그것조차 드릴 능력이 없으면 그는 고운가루 에바 십분 일 (7파인트 = 약 2.3 리터)을 가져올 수 있습니다. <11절>

E. 속 건 제 (5:4 – 6:7)

이 제사는 속죄제와 밀접하게 연결되어 있습니다.

여기서 예배자는 그가 범과한 사람들에게 반드시 상환해야만 합니다.

Ⅱ. 제사장직 (8 - 10장)

이 장들은 출애굽기 29장에 나오는 지시의 연속입니다.

백성들은 성막 안에 모였습니다. 아론과 그의 아들들은 정결하게 씻고 의복을 입고 기름을 발랐습니다. 그리고서 제사는 드려졌

■ 레위기

1. 기록자 : 모세
2. 기록연대 :
   B.C. 1450~1400년 사이
3. 기록장소 :
   일반적으로 보수주의 신학자들은 모세가 시내산에 머무는 동안 이 계시를 받았다고 생각한다.
4. 기록대상 : 이스라엘 백성
5. 핵심어 및 내용 :
   레위기의 핵심어는 "성별", "거룩"등 이다. 레위인들 가운데에서 특별히 제사장들은 온전한 예배를 위하여 구별되었고 모든 백성들에게 거룩한 삶의 본보기를 보여 주기 위하여 성별되었다.

습니다.

제사장들은 제사를 드리는것 외에 어떠한 일들을 했습니까?<10:11>

지성소(Holy of holies) (모형)
증거궤가 있는 곳으로 , 휘장으로 '성소'와 구분된다. 그 휘장은 다색의 가장 좋은 재료로 만들어졌고, '그룹'이 수놓아졌으며, 걸쇠에서부터 늘어뜨려져서, 금을 입힌 4개의 아카시아기둥 위를 덮었다. 대속죄일에 백성들의 죄를 용서받기 위해서 대제사장만이 들어갈 수 있었다

Ⅲ. 정결함과 부정함 (11 - 15장)

이 장들은 정결한 짐승과 부정한 짐승 그리고 정결함의 법칙을 다루고 있습니다. 그것은 부정한 것은 하나님앞에 나오도록 허락되지 않는다는 것입니다.

이것은 시편51:2에 의하면 죄인의 상태를 어떻게 그려주고 있을까요?

우리는 어떻게 우리의 죄로부터 씻김을 받을까요? <요일1:9>

오늘날 우리는 영양식과 위생법에 관하여 이 법칙들을 더욱 쉽게 이해할 수 있습니다. 하나님은 그의 백성의 육신적 건강과 영적 건강에 관해서 관심을 갖고 계십니다.

Ⅳ. 속　죄 (16장)

속죄일은 이스라엘의 가장 중요한 성일입니다. 왜냐하면 이날 하나님은 그 해 동안 처리되지 않은 모든 죄들을 다루시기 때문입니다. 더 잘 이해하기 위해서는 신약의 히브리서 10장을 읽으십시오.

속죄일은 일년에 한번 지켜집니다. 백성들은 일을 멈추고 죄의 깊은 깨달음으로 하나님의 용서를 구합니다. 이날에 대 제사장은 홀로 지성소 안으로 들어 갑니다. 그의 제사장의 옷을 벗고 그는 평범한 세마포 옷을 입습니다. 그는 지성소에 들어가서 속죄소에 수송아지의 피를 7번 뿌림으로 그 자신과 그의 가족을 위하여 속죄를 합니다. 그리고는 다시 지성소에 들어가 염소의 피를 가지고 속죄소에 뿌림으로 백성들의 죄를 속죄하였습니다. 그리고 나서 이 아사렐 염소는 광야로 보내어졌습니다.

아사셀 염소는 무엇입니까? <레16:20-22>

그리스도가 십자가 위에서 죽으셨을때 지성소의 휘장이 위로부터 아래로 찢어졌는데 그것은 우리의 대제사장이신 그리스도(마27:51)를 통해서 우리가 하나님께로 직접 나아갈 수 있게된 것을 우리들에게 보여주는 것입니다.

그리스도의 죽음은 죄에 대한 마지막 제사였습니다.

V. 성 일 (17 - 27장)

이 성일들과 절기들에는 영적인 의미가 가득히 담겨 있으므로 그것들은 주의깊이 연구할 가치가 있습니다.

이 성일들에 대한 더 나은 이해를 위해서 다음장 도표를 완성해 보시기 바랍니다.

유대 성일과 절기

참 조	성일과 절기	내 용 과 목 적
레위기23:3 출 20:8-11	안 식 일	
레위기23:5 출 12:12-14	유 월 절	
레위기 23:9-14	초 실 절	
레위기 23:15-22	오 순 절	
레위기 23:23-25	나 팔 절	
레위기 23:26-32	속 죄 일	
레위기 23:33-44	초 막 절	
레위기 25:1-7	안 식 년	
레위기 25:8-55	희 년	

제5주 민 수 기

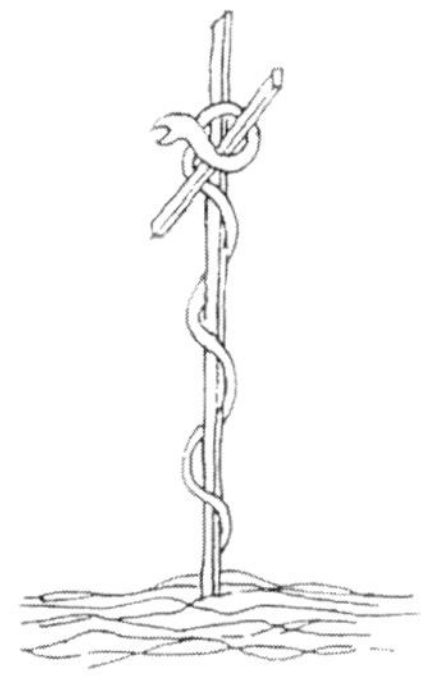

민수기는 이스라엘 백성들의 약38년간의 광야생활을 다루고 있습니다.

이 책은 1-4장 그리고 26-27장 두 번의 걸친 인구조사를 언급하고 있기 때문에 민수기라고 이름한 것입니다.

첫 번째 인구조사는 이스라엘 백성이 애굽을 떠난지 2년후에 실시 되었습니다. 그 후 길을 인도할 유다지파로부터 모든 지파들에게 가나안을 향한 행진에서의 위치가 주어졌습니다. 이 때로부터 민수기를 광야의 책이라고 부르게 되었습니다. 이 책은 이스라엘 백성의 가데스 바네아에서의 실수와 그 불신세대가 다 죽을때 까지의 광야생활과 그후 두 번째의 인구조사를 설명하고 있습니다. 이 책은 "역사상 가장 긴 장례행렬"로 묘사되고 있습니다.

여기서 우리가 관심을 가져야할 것은 이스라엘이 광야생활을 하는동안 조금도 자라지 못한 사실입니다. 오히려 전쟁을 할만한 장정이 2000명가량 줄었습니다. 그러므로 이들은 38년을 허송세월 했으며 불필요한 고통을 당했으며 인구는 숫자적으로 자라지 못했습니다. 이것은 바로 우리 성도들이 불신앙에 빠질 때 시간과 노력의 낭비요, 영적 교착상태에 빠짐을 교훈하는 것입니다.

민수기는 히브리서 3-4장과 고린도전서 10:1-15에 설명하였듯이 우리에게 많은 영적 교훈을 줍니다.

고린도전서를 읽고 민수기가 오늘날 우리에게 어떤 교훈을 주는지 설명해 보십시오.

민수기

13세기 독일계 유대인 성경에 나오는 민수기 표제지이다. 4명의 기사는 유다, 르우벤, 에브라임, 단 지파를 나타낸다.삽화 가운데있는 히브리 글자는 민수기에서 처음 시작되는 단어를 적고 있다. 이 삽화는 유대인적 상징과 기독교인적 관습이 혼합되어 있다.

____

____

____

민수기의 간략한 개요 :

Ⅰ. 광야생활을 위한 준비 (1 - 10:10)

Ⅱ. 광야생활 (10:11 - 21:35)

Ⅲ. 발람 사건 (22 - 25장)

Ⅳ. 가나안에 들어갈 준비 (26 - 36장)

****

Ⅰ. 광야생활을 위한 준비 (1 - 10:10)

이 책은 성막이 완성된 후 약 1개월 후, 출애굽한지 약 2년후의 사건을 다룹니다. 이 책은 하나님께서 모세에게 인구조사(1:2)를 하라는 명령으로 시작됩니다.

레위지파는 인구조사와 다른지파에게 주어진 규범으로부터 제외 되었습니다. 이 지파가 왜 특별한 사명을 위하여 구별 되었는지는 알수 없다. 레위지파가 모세와 아론이 속해 있는 지파이기 때문인지도 모르고 또는 금송아지 사건때(출32:26) 속히 하나님편을 택한 지파이기 때문인지 모릅니다.

민수기 제2장과 3장은 진내에서 각 지파의 위치를 다루고 있습니다. 47페이지의 그림을 보고 다음 물음에 대답 하십시오.

진의 중심에 무엇이 있습니까? _______________

성막은 어느 방향으로 향하고 있습니까? ________________

고핫과 게르손과 므라리는 누구이며 무엇을 했습니까?<민3:17; 3:23-29; 4:1-33>

____

____

____

모세 5경 가운데서 나실인에 대하여 언급한 곳은 오직 민수기 6:1-21 뿐입니다. 나실인이란 말은 "하나님께 바쳐진자"란 뜻입니다. 나실인은 포도주나 독주를 마시지 않고 그의 머리를 자르지 않고 시체를 가까이 하지 않을것을 맹세한 사람입니다.

나실인의 법을 따르면 아론의 축복을 받게 됩니다.<민6:24-26>, 이것이 아마 이 책에서 가장 사랑받는 부분일 것입니다.

Ⅱ. 광야생활 (10:11 - 21:35)

시내산에 머문지 1년, 이스라엘 백성들은 인구조사를 마친 후 진을 거두고 가데스 바네아를 향해 떠났습니다 <10:11-12:16>. 백만이 넘는 백성들이 언약궤의 인도함을 따라 시내산을 떠나 행진하는 장관을 그려 보십시오.

민수기 13. 14장은 가데스 바네아에서 가나안 땅의 조건과 그땅 백성들의 힘을 탐지하기 위하여 보낸 12정탐꾼 이야기가 나옵니다 <13:1-20>. 그들은 잘 익은 열매를 가지고 돌아와서 그 땅은 과연 풍성한 열매가 있는 땅이라고 보고를 했습니다. 그러나 12명중 10명은 이스라엘 백성의 마음에 실망을 주는 보고를 했습니다 <13:31-33>.

정탐꾼들중에서 그 땅으로 들어가 그땅을 차지 하자고 한 사람은 누구입니까?

■ 민수기

1. 기록자 : 모세
2. 기록연대 :
   B.C. 1450~1400년 사이
3. 기록장소 :
   모세가 이스라엘 백성을 약속의 땅으로 인도하면서 시내산과 광야에서 기록하였다.
4. 기록대상 : 이스라엘 백성
5. 핵심어 및 내용 :
   민수기의 핵심어는 "방황", "인구조사"등이다. 민수기에서 강조된 내용은 출애굽 제1세대에게 인구조사를 실시했던 때부터 출애굽 제2세대에게 인구조사를 실시했던 때까지 광야에서 계속되었던 이스라엘 백성의 방황이다.

1.________________ 2.________________

두 정탐꾼이 백성들에게 가나안으로 쳐들어가 그 땅을 차지 하자고 변호할 때 백성들은 무엇으로 협박 했습니까? <14:10>

____

백성들의 이러한 요구는 하나님을 격노케 하였으므로 하나님께서 백성을 멸하려 하셨습니다 그러나 모세의 중보기도로 중지 하셨습니다<14:11-19>.

하나님께서 그들을 용서 하셨으나 약속의 땅에 들어가는것은 금지 하셨습니다. 갈렙과 여호수아 그리고 새 세대의 백성들만 약속의 땅으로 들어갈 수 있었습니다 <14:20-38>.

민16:1-3에서 다른지파의 많은 지도자들이 모세에게 나와 제사장직을 아론과 그의 자손들에게만 아니고 다른 지파에게도 주어야 한다고 불평을 했습니다.

그러므로 하나님께서 그들에게 아론과 그의 자손들만이 하나님께서 제사장으로 택했다는 분명한 증거를 주셨습니다. 그것은 무슨 증거였습니까? <17:1-10>

____

____

____

민20-21장에는 뱀의 사건이 나옵니다. 백성들은 두가지로 범죄 했습니다. 즉, 그들은 하나님을 대항하여 말했으며, 모세를 대항해서 말했습니다.<21:5>

그러므로 하나님께서 독뱀을 그들 가운데 보내어 많은 사람이 죽었습니다.

하나님께서 모세에게 어떻게 하면 백성이 구원을 받을 수 있다

고 가르쳐 주셨습니까? <21:8-9>

뱀에게 물린 사람이 뱀을 쳐다 봄으로써 나음을 받았다는 것은 우리가 회개와 믿음으로 구원을 받는다는 것을 말해 줍니다.

구리뱀이 어떻게 그리스도의 모형이라고 할 수 있을까요? <요 3:14>

Ⅲ. 발람 사건 (22 - 25장)

성경의 인물 중에서 발람처럼 마음의 혼돈과 모순 속에 있던 사람도 많지 않습니다. 그는 이교도였음에도 불구하고 하나님께서는 그를 예언자로 쓰시려고 하셨습니다. 그는 이스라엘을 저주하라는 모압왕 발락의 압력을 거절할 만큼 주님의 명령에 충실한 사람이었습니다. 오히려 그는 이스라엘을 축복 하셨습니다<23:17-24>. 그러나 민수기 31:16에 의하면 우리는 그가 혐오와 우상숭배에 빠지게된 이스라엘 자손을 충고한 것을 발견 합니다. 발람은 모압이 심판을 받을 때 멸망 했습니다 <31:8>.

Ⅳ. 가나안에 들어갈 준비 (26 - 36장)

38년의 지체기간이 끝났습니다. 가나안땅에 들어가기를 거절했던 구세대 사람들은 갈렙과 여호수아를 제외 하고는 모두 다 죽었습니다. 새로운 세대가 자라서 싸움을 할만한 장정의 수가 다시 많아졌습니다 <26-27장>.

민 32:1-8에 의하면 르우벤과 갓지파는 요르단 동편에 정착하게 허락해 달라고 모세에게 요구했고, 다른 10지파는 약속의 땅에 들어가서 그 땅을 차지하게 해달라고 부탁했다. 모든 지파가 약속의 땅에 들어가는 것이 하나님의 의도였으나 그들의 마음의 소원 때문에 모세는 말하기를 '만일 너희들이 가서 너의 형제들이 그 땅을 차지하는것을 도와준 후에는 돌아와 살아도 좋다' 고 했습니다.

모세는 만일 그들이 가서 도와주지 않으면 무슨일이 일어난다고 했습니까? <32:20-23>

하나님은 가장 좋은 것을 주셨으나 그들은 자신들의 판단이 더 나은 것이라고 생각했으므로 요르단 동편으로 돌아와 살았습니다.

르우벤, 갓 그리고 므낫세반지파가 다른 지파들과 떨어져 살았기 때문에 무슨 일이 후에 일어났습니까? <역대상5:25-26>

민수기32:23을 주목 하십시오. 모세는 '너희 죄가 들어날 것이다' 라고 말하지 않고 대신 '너희 죄가 정녕 너희를 찾아낼줄 알라' 고 말했습니다. 우리는 모두 앞으로 오는 생애에서 뿐만 아니라 현재의 생애에서도 우리의 죄는 우리를 결박한다는 사실을 기억해야 합니다.

민수기의 나머지 부분은 유업의 분활, 레위지파가 차지할 성, 그리고 여러 가지 율법에 관한 것을 다루고 있습니다.

이스라엘 진영의 평면도
(민수기 2,3장)

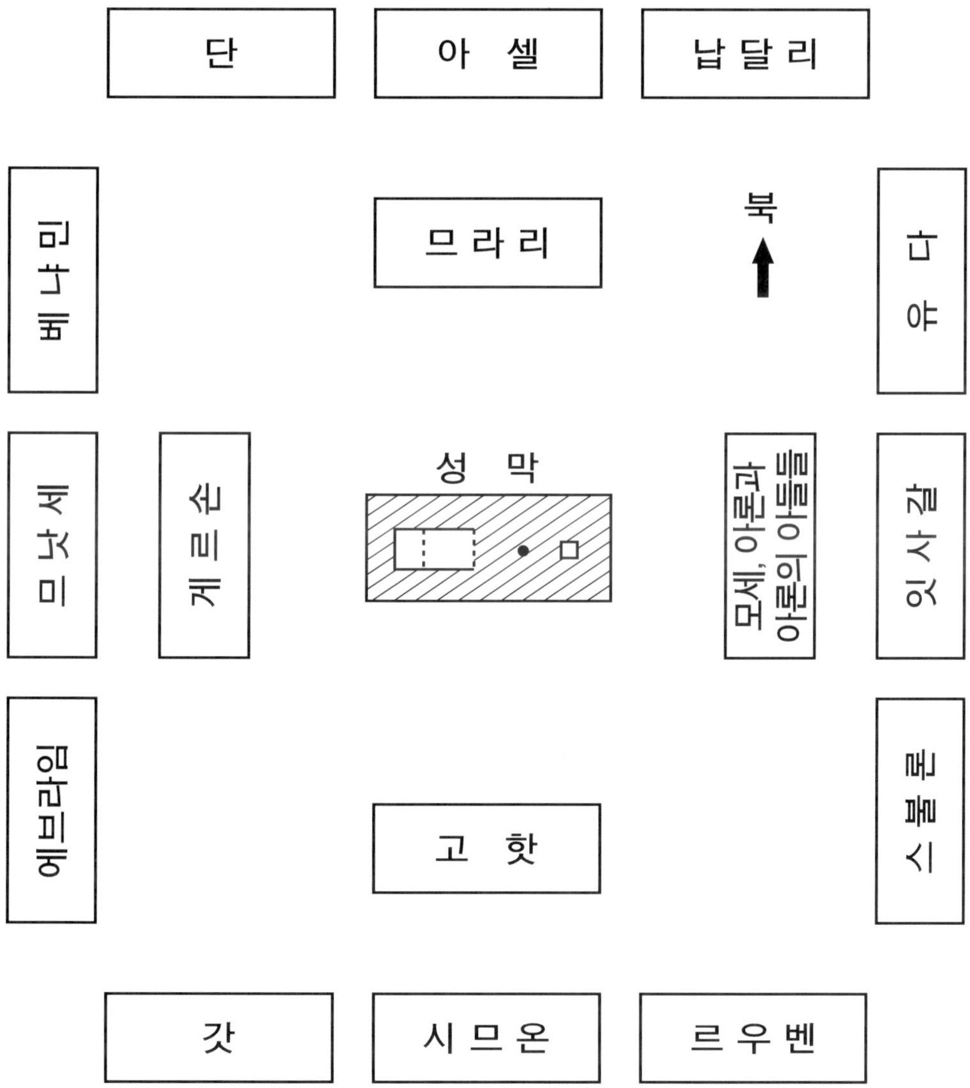

제6주 신 명 기

신명기

13세기 독일계 유대인 성경에 나오는 신명기 표제지이다. 삽화 가운데있는 히브리 글자는 신명기에서 처음 시작되는 단어를 적고 있다. 이 삽화는 유대인적 상징과 기독교인적 관습이 혼합되어 있다.

이 책은 "두번째 율법'을 의미하는 헬라어로부터 그 이름을 얻었습니다.

신명기 17:8은 장래의 이스라엘 왕에게 이 율법서의 복사판을 만들 것을 지시하고 있습니다. 약속의 땅에 들어가기 직전 모세는 그의 고별 연설을 하였는데 그것은 출애굽기와 레위기와 민수기에 기록된 율법을 함께 모은 것이었습니다. 이 율법들을 수집한 것이 우리가 신명기라고 부르는 것입니다.

신명기는 신약에서 다른 어떠한 구약의 책보다 더욱 많이 인용되고 있습니다. 신약의 21권의 책이 도합 80번 이상을 신명기로부터 인용하고 있는 것입니다. 예수님도 자주 신명기로부터 인용을 하셨습니다.<눅4:4,8,12; 마4:4,7,10>.

이 책의 내용은 대부분 모세의 세 연설을 다루고 있습니다. 이스라엘 자손들은 약속의 땅이 시작되는 지점인 모압평지에 있었습니다. 그들은 40년간을 광야에서 방황하였습니다.

모세의 첫 번째 연설에서 그는 광야에서의 시험을 회상하고 있습니다<1-4장>.

그의 두 번째 연설에서 그는 신명기 법전 이라고 불리어지는 법적인 내용을 다루고 있습니다<5-26장>.

그의 세 번째 연설은 이스라엘 백성들에게 하나님의 언약을 받아들일 것을 호소하는 것입니다.

신명기의 간략한 개요 :

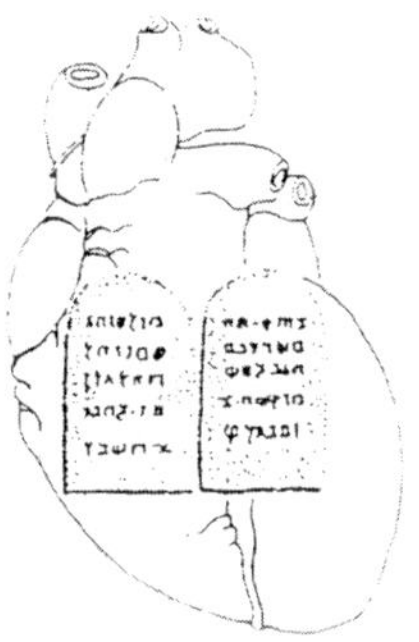

Ⅰ. 과거의 회상 (1 - 4장)

Ⅱ. 현재를 위한 명령 (5 - 26장)

Ⅲ. 이스라엘의 장래 (27 - 30장)

Ⅳ. 모세의 죽음 (31 - 34장)

****

Ⅰ. 과거의 회상 (1 - 4장)

모세가 그의 첫 번째 연설을 시작했을 때 그는 과거를 회상했습니다. 국민은 느보산 근처 요단 이편의 모압평지에 모였습니다. 그들이 거기까지 이르는데는 약 40년이 걸렸습니다. 신명기1:2에 의하면 호렙산에서 가데스 바네아까지 가는데는 단 11일 밖에 걸리지 않았습니다. 그러므로 시내산에서 느보산까지 전 여정은 약 20일이면 가능한 것이었으나 이스라엘 백성들에게 무려 40년이 걸린 것이었습니다.

53면의 지도를 보시고 다음의 장소들을 정확한 공백에 채워 넣으십시오:

시내산, 가데스 바네아, 가나안

모세는 이스라엘 백성들에게 시내산에서 가데스 바네아까지의 여정을 상기시켰습니다.<1장> 이 기간동안 모세는 율법을 받았으며 성막이 건축되었습니다. 이 사건들을 다시 상고해 보시려면 민수기 9-14장을 읽으십시오.

■ **신명기**

1. 기록자 : 모세
(아마도 여호수아가 34장에 언급된 모세의 죽음을 기록하였을 것이다)

2. 기록연대 :
B.C. 1410~1395년 사이

3. 기록장소 :
모압 땅에 위치한 요단강 근처의 평원에서 기록하였다.

4. 기록대상 :
가나안 땅에 들어가게 될 새로운 세대의 이스라엘 백성

5. 핵심어 및 내용 :
신명기의 핵심어는 "기억하라", "언약", "순종"등이다. 모세는 신명기를 통하여 억압의 상태에서 그들을 구원해주셨고 광야에서 지켜주신 하나님과 족장들이 맺었던 그 언약을 잊지 말고 지키라고 이스라엘 백성에게 계속해서 권면한다. 이처럼 받을만한 아무런 자격도 없는 이스라엘을 구원하신 하나님께 그들이 할 수 있는 최선의 보답은 주저함 없이 하나님의 말씀을 순종하는 것이다.

신2:1-23에서 모세는 그들이 피하여 간 민족들에 대하여 말하고 있습니다. 그들은 다음과 같은 세 민족들이었습니다:

에돔, 그들은 야곱의 형제인 ________의 후손들입니다. <4-5절> 그리고 모압과 암몬, 그들은 아브라함의 조카 ______의 후손들입니다. <9절>

이 세 민족들은 이스라엘과 혈연 관계였기 때문에 하나님은 이스라엘 백성들이 그들과 싸우기를 허락지 않으셨습니다. 하나님은 이스라엘이 이 나라들의 경계를 통과하여 여행하도록 단순히 그들을 보호하셨습니다.

신2:24-3:29에서 모세는 그들이 쳐부순 나라들에 대하여 말하고 있습니다. 이스라엘은 이 백성들에게 친절하게 평화적으로 그 땅을 통과할 것을 제의했으나 그 민족들은 그들을 공격했습니다. 그러므로 하나님은 그 땅을 정복케 하셨습니다. 분명히 이것은 약속의 땅에 들어가기를 준비하고 있던 이스라엘 백성들에게 격려가 되었을 것입니다. 하나님은 과거에 그들을 인도하셨고 보호하셨으며 그분은 분명히 장래에도 그렇게 하실 것이었습니다.

대부분의 그리스도인들은 하나님이 위기에서 그들을 어떻게 돌보아 주셨던 것을 잘 기억하고 있을 것입니다. 이것은 현재와 장래에 하나님 안에서 더욱 믿음을 갖도록 그들을 격려해 줄 것입니다.

신4:2에서 하나님은 서기관들과 바리새인들이 몇 세기 후에 범죄한 어떤 것들에 대하여 이스라엘에게 경고하고 계십니다. 이 경고는 무엇입니까?

____

신명기4:15-23에선 어떠한 다른 주의 사항이 주어졌습니까?

이 명령에 대한 불순종은 이스라엘이 약속의 땅에 들어간 후에 수많은 문제들을 야기시켰습니다.

Ⅱ. 현재를 위한 명령 (5 - 26장)

백성들에게 과거를 회상시키고 난 후 모세는 현재에 하나님의 말씀을 순종해야 할 필요성을 그들에게 경고하였습니다. 400년 이상이나 이스라엘은 그들 소유의 땅이 없이 지냈으며 그 대부분의 시간을 그들은 노예로 지냈습니다. 그들은 40년간을 광야에서 지냈으며 이제 그들은 그들 소유의 땅에 정착하게끔 되었습니다. 그러므로 그들은 이 새 땅과 함께 찾아올 위험들을 알아야할 필요가 있었습니다.

7장에서 그들은 적들과 타협하지 말도록 명령을 받았습니다.

신7:3에서 어떤 중요한 경고가 주어졌습니까?

하나님은 이스라엘에게 악한 민족들을 완전히 멸할 것과 어떠한 방법으로도 그들과 타협하지 말것을 명하셨습니다. 하나님의 심판과 죄의 무서움을 이해하지 못하는 사람들은 하나님이 너무 잔인하다고 따집니다. 그러나 만일 그들이 이 민족들의 종교들의 죄악성과 그들이 하나님을 거역한 길을 안다면 이스라엘이 그들을 쓸어버린 것을 감사하게될 것입니다.

신8:11-17에서 모세는 무엇에 대하여 백성들에게 주의를 주었습니까?

이것은 오늘날 그리스도인으로서 우리의 문제점이 아니겠습니까?

때가 어렵고 일용할 것들을 하나님께 의존해야만 할 때에 우리는 그분을 순종하기를 기억합니다. 그 반면에 일들이 우리의 뜻대로 될 때에 -- 좋은집, 음식이 가득한 냉장고, 두 대의 차, 칼라 텔레비전-- 우리는 하나님을 잊어버리는 경향이 있습니다. 그러면 하나님은 이 모든 축복들이 누구로부터 오는가를 우리에게 상기시키기 위해서 우리를 징계하셔야만 하는 것입니다.

모세는 이제 백성들에게 하나님께서 그들에게 약속의 땅을 주시는 것은 그들이 잘나서나 의로워서가 아니고 아브라함과 이삭과 야곱에게 하신 그분의 약속 때문이라고 말합니다.<신9:4-5>

12장에서 백성들은 예배의 중요성에 대하여 다짐을 받으며 13장에서 그들은 어떻게 거짓 선지자들을 시험하는가 하는 것을 지시 받습니다.

14-26장은 이스라엘이 반드시 살아야할 어떤 특수한 율법이나 규례들의 복습입니다.

Ⅲ. 이스라엘의 장래 (27 - 30장)

27장에서 이스라엘은 약속의 땅에 들어가는 날에 큰 돌들을 세우도록 명령을 받았습니다.

그들은 이 돌들위에 무엇을 기록해야 했습니까?

____

28-29장은 새 땅이 가져다 줄 기쁨에 대하여 언뜻 보여주고 있지만 거기엔 또한 이스라엘의 징계, 포로와 국가로써 흩어질 것에 대한 예언도 있습니다.

29장은 언약의 기본적인 사실들을 요약하고 있습니다. --- 하나님께서 그들을 구속하셨고 그들은 그분에게 순종해야 할 책임이 있는것; 만일 그들이 순종하면 그분은 축복하실 것이고; 만일 그들이 불순종하면 그분은 그들을 심판하실 것. 신명기 29:5에서 모세는 백성들에게 무엇을 상기시켜 주고 있습니까?

____

____

30장은 이스라엘이 그들의 땅으로 들어갈 장래의 회복에 대하여 말씀해 주고 있습니다. 이스라엘은 바벨론 사람들에 의해 포로로 잡혀가기 전까지 천년이 못되는 기간동안 축복을 즐겼습니다. 신명기 30:11-14과 로마서 10:6-9 사이의 유사점을 주목해 보는 것은 흥미있는 일일 것입니다.

Ⅳ. 모세의 죽음 (31 - 34장)

이 변화된 장들에서 모세는 그가 40년간을 사랑했고 인도했던 백성들에게 그의 마지막 말들을 주었습니다. 백성들이 그를 비판하고 그를 거역하며 또한 그에 대하여 거짓을 말했을 때조차도 모세는 그의 백성들에게 충성을 유지했다고 하는것은 주목할 만한 가치가 있습니다. 모세는 그가 결코 약속의 땅에 들어가지 못할 것을 알고 있었으나 그는 그의 백성들이 들어가는 것을 보기 위하여 가능한 모든 것을 하였습니다.

신 31:14에서 모세는 새 지도자를 발표하였습니다. 그는 누구였습니까?

____

신명기는 매 7년마다 초막절에 공공연히 읽도록 되어있습니다.<31:10-11>

34장에서 하나님은 모세에게 약속의 땅을 바라보도록 허락하셨는데 그것은 율법이 무엇을 할 수 있는가의 상징인 것입니다. 율법은 우리에게 하나님의 표준을 보도록 도와주지만 그것을 얻도록 우리에게 능력을 줄 수는 없습니다. 약속의 땅을 본 후 모세는 죽었습니다. 하나님만이 홀로 그의 임종시에 계셨으며 하나님께서 그를 장사하셨습니다. 모세는 하나님이 장사하신 유일한 사람입니다. 만일 사람들이 그 장소를 알았더라면 그들은 아마도 사당을 짓고 그것을 숭배했을 것입니다.

하나님은 모세를 어디에 장사하셨습니까? <신34:6>

____

모세가 죽을 때 그는 몇 살이었습니까?<신34:7>

____

백성들은 모세를 위하여 30일을 애곡하였습니다. 많은 선한 인물들 같이 모세는 살아 있을 때보다 죽은 후에 더욱 그 진가를 인정받았습니다.

이제 이스라엘 백성들은 하나님께서 그들에게 약속하신 땅에 들어가서 그 땅을 차지할 준비가 되었습니다.

다음 책인 여호수아는 바로 이 지점에서 이야기가 시작되고 있습니다.

이스라엘 진영의 평면도
(민수기 2,3장)

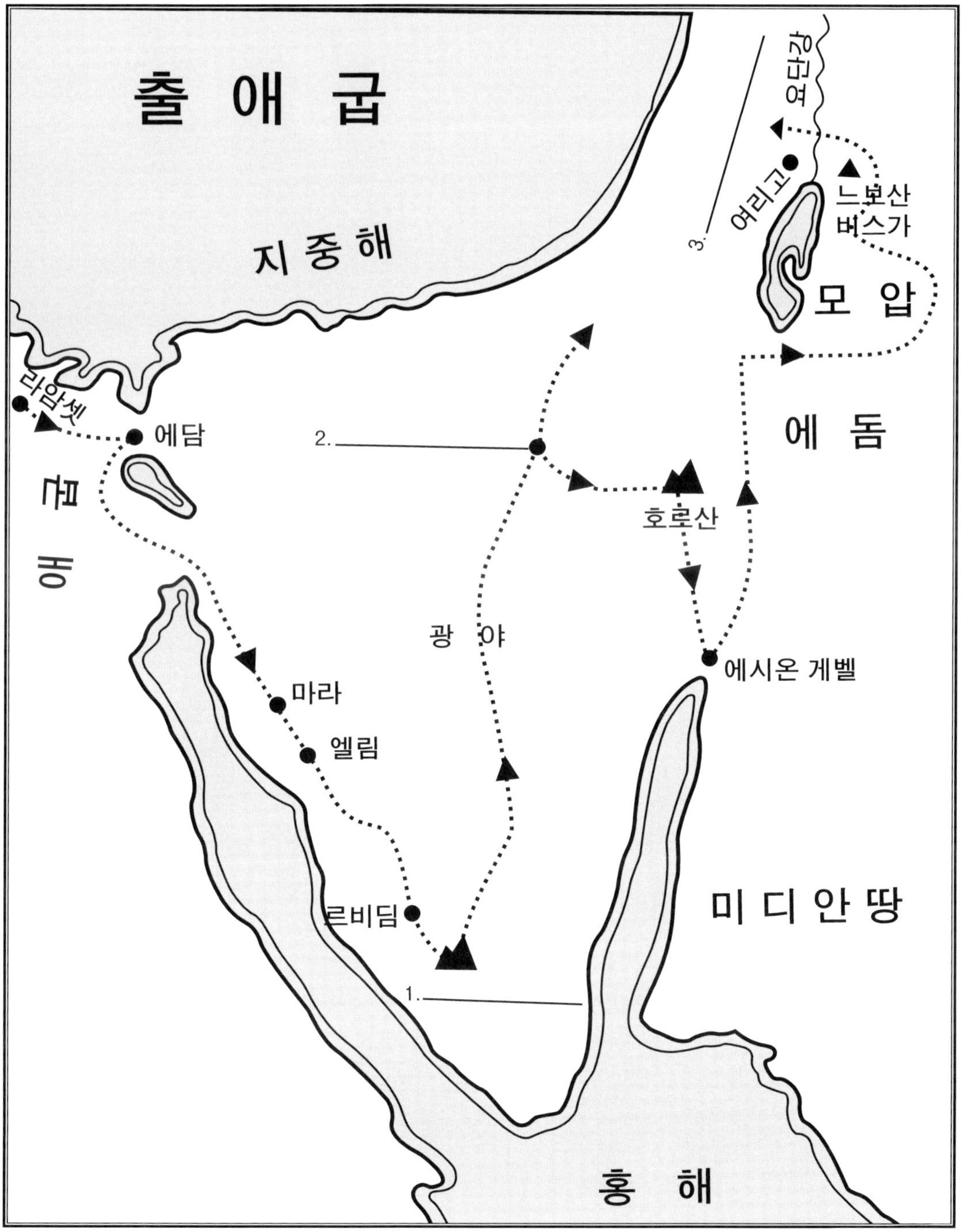

NOTE

제 2 장
역사서

이스라엘이 하나의 민족 공동체로 시작한 것이 출애굽 사건이라고 한다면, 이스라엘이 국가로서의 모습을 갖추게 된 것은 약속의 땅(가나안)에서 비로소 이루어졌다고 할 수 있습니다. 그러므로 일반적으로 역사서라 함은 이스라엘이 가나안 땅에 정착한 이후의 내용을 담은 구약성경을 말합니다. 여호수아서는 이스라엘이 가나안 땅에 정착하게 된 과정을 기록하고 있고, 사사기와 룻기는 가나안 정착 이후의 이스라엘의 무정부 상태와, 하나님의 부름을 받은 사사들의 활동을 묘사하고 있습니다. 사무엘, 열왕기, 역대기는 사사 통치 시대가 끝이 나고 왕정이 수립된 일과, 통일 왕국 시대와 분열 왕국 시대, 그리고 이스라엘과 유다가 앗시리아와 바벨론에게 멸망을 당할 때까지의 역사를 기술하고 있습니다. 그리고 에스라와 느헤미야는 바벨론에 포로로 잡혀갔던 이스라엘 자손이 다시 가나안으로 돌아와 성전과 성벽을 재건한 일을 기록하고 있으며, 에스더는 포로로 잡혀간 이스라엘이 바사 제국 시대에 경험한 하나님의 보호를 기록하고 있는 책입니다.

제7주 여호수아

여호수아는 역사서로 불리워지는 12권의 책들로된 씨리즈의 첫 시작입니다. 그 책들은 여호수아(모세의 후계자)의 생애, 가나안의 정복, 지파의 분배, 이스라엘의 사사들과 왕들, 솔로몬 사후의 분열된 왕국과 느브갓네살의 군대에 의해 남왕국이 함락됨으로써 자유국이며 전제국가로써의 이스라엘의 존재가 끝날 때까지 북왕국과 남왕국간의 적대관계를 망라하고 있습니다.

여호수아는 애굽의 노예제도 속에서 태어났습니다. 그의 아버지는 '눈'이라고 이름하는 에브라임 지파 사람이었습니다. 우리는 그의 모친에 관해서는 아무것도 알지 못합니다 <대상7:20-27>. 여호수아라는 이름은 '여호와는 구원이시다'를 의미합니다. 여호수아는 이스라엘 민족이 불신으로 반역하고 가나안 땅을 취하기를 거부 했을때 그 땅에 들어갈 믿음을 가졌던 두 정탐꾼중의 한명이었습니다.<민14:6이하>

그들의 믿음의 결과로 그와 갈렙은 약속의 땅에 들어가도록 허락을 받았습니다. 그들은 애굽을 떠났던 원래의 600,000의 장정가운데 살아남은 오직 두명의 생존자였습니다. 나머지는 광야에서 죽었고 그들의 자녀들만이 그 땅에 들어가기 위해 남아있엇습니다.

여호수아가 유대민족의 지도자로써 모세의 자리를 차지했을때 그는 대략 85세쯤 되었던 것으로 믿어집니다.

여호수아서의 간략한 개요 :

Ⅰ. 요단강을 건넘 (1 - 5장)

Ⅱ. 땅을 정복함 (6 - 12장)

Ⅲ. 땅을 분배함 (13 - 24장)

****

Ⅰ. 요단강을 건넘 (1 - 5장)

이스라엘이 모세를 위하여 애곡하기를 마치고 난 후 하나님은 여호수아에게 그의 백성들의 새 지도자로서 그의 의무에 관해서 말씀하셨습니다.

하나님께서 모세와 함께 하셨던 것같이 그분은 여호수아와 함께 하실것이었습니다. ... "내가 너를 떠나지 아니하며 버리지 아니하리라" <1:5>

사람들은 변하고 시대는 변해도 하나님은 결코 변하지 않으십니다.

여호수아 1장 3절 5절 9절을 읽고 하나님께서 여호수아에게 하신 세가지 약속을 적으십시오.

1. ______________________

2. ______________________

3. ______________________

만일 의지할 수 있는 성경이라고는 처음 다섯권 밖에 가지고 있지않은 여호수아가 가나안 땅을 능히 정복할 수 있었다면 성경 66권 전체를 가지고 있는 우리들은 지금 얼마나 더욱 할 수 있을까요!

그렇게 바쁜 중에도 여호수아는 시간을 내어 하나님의 말씀을

■ 여호수아

1. 기록자 : 여호수아
(아마도 여호수아보다 더 오래 살았던 지도자들이 그가 죽은 뒤에 일어났던 일들을 기록하였을 것이다)

2. 기록연대 :
B.C. 1410~1350년 사이

3. 기록장소 :
정복 전쟁 이전에 요단 강 동편과 정복 전쟁이 시작된 이후에 요단 강 서편 가나안 땅.

4. 기록대상 : 이스라엘 백성

5. 핵심어 및 내용 :
여호수아의 핵심어는 "선택하라", "섬기라"이다. 여호수아는 그의 설교를 통하여 이 두 가지를 다 강조하였다. "너희 섬길자를 오늘날 택하라 오직 나와 내 집은 여호와를 섬기겠노라"(수 24:15)

묵상하였으며 이것이 그의 성공의 비결이었던 것입니다.

이 책의 가장 주요한 장들중에 하나가 2장입니다. 그것은 한 기생의 이야기와 여리고의 정복으로 시작됩니다. 고고학자들은 말하기를 여리고는 안쪽의 성벽과 바깥 성벽으로 둘러싸여 있는 도시였다고 합니다. 안벽의 두께는 약 12피트였고 바깥벽은 6피트의 두께였습니다. 성벽은 약 30피트 높이로 서 있는데 발굴한 바에 의하면 그 성벽이 무너져 내림으로 파괴된 것을 보여주고 있습니다. 여리고에 살고 있던 수만의 백성가운데 우리는 오직 한 사람의 이름만을 알고 있습니다. 그이름은 기생 라합입니다.

이 장의 중요성 때문에 아래의 질문에 대답하시기를 바랍니다:

여호수아는 여리고를 탐지하기 위해서 몇 명의 정탐꾼을 보냈습니까?<2:1>

____

라합은 어떠한 방법으로 그녀가 여호와 하나님을 믿는 것을 보여주었습니까?<9-11>

____

____

라합은 12-14절에서 어떻게 그녀의 비 이기주의적인 마음을 보여 주었습니까?

____

그녀는 그녀의 가족이 구원받기 위해서 이스라엘 사람들에게 어떤 징표를 주어야 했습니까?<18-21>

____

히브리서 11:31에서 왜 기생 라합이 다른 여리고 사람들과 함께 멸망당하지 않았는지 말해주고 있습니다. 그 이유를 써 보십시오:

하나님의 은혜는 사람이 기대할 수 있는 것보다 더욱 큽니다. 이것은 라합의 생애에서 볼때 분명한 사실입니다.
마태복음1:5에서 우리는 그녀에 관하여 무엇을 발견합니까?

여호수아 3-5장은 요단강을 건너는 것을 다루고 있습니다.
여호수아는 하나님의 말씀을 묵상하기 위하여 아침 일찍이 일어나 그 날의 일과를 위해서 자신을 준비했습니다.

하나님은 그의 백성을 약속의 땅으로 인도하시는 분은 그분 자신임을 보여주시기 위해 어떤 징표를 주셨습니까?<3:7-17>

4장에서 강을 건넌 것에 대한 기념비가 세워졌습니다.
두 개의 돌 더미가 세워 졌는데 : 그 하나는 열두명의 선택된 사람들에 의하여 강 둑에 세워졌고<3:12 4:1-8>, 다른것은 여호수아에 의해 강 가운데 세워 졌습니다<4:9-10>.

5장은 언약의 표징을 다루고 있습니다. 이스라엘 백성이 요단 이편에서 안전해지자마자 하나님은 언약의 표징 즉 할례<창17장>를 받을 것을 명하십니다.

Ⅱ. 땅을 정복함 (6 - 12장)

6장은 여리고의 정복을 다루고 있으며 라합의 이야기를 종결지어 줍니다.

7장과 8장은 아이성의 함락을 기록하고 있습니다. 아이성의 경험에서 이스라엘 백성들에 의하여 우리는 한가지 교훈을 배우게 됩니다. 아간이라는 한 군인의 불순종 때문에 이스라엘 군대는 패배를 당합니다. 아간은 여리고를 침략할 때 얻은 물건을 취하려는 유혹을 떨쳐버릴 수 없었습니다 <7:21>. 여호수아는 6:17-19에서 그러한 행위를 분명히 금지했었습니다.

아간은 어떤 물건들을 취했습니까? <7:21>

1. ____________ 2. ____________ 3. ____________

온 이스라엘은 아간의 사건으로부터 한가지 교훈을 배우게 되었는데 그것은 가나안 사람들을 정복하는데 있어서와 장래에 민족들을 인도하는데 있어서 그 민족의 성공은 하나님께 대한 절대적인 순종에 달려있다고 하는 것이었습니다.

9-12장은 땅을 정복하는데 있어서 여호수아와 이스라엘 백성들의 승리를 기록하고 있습니다. 64면의 지도를 보고서 다음의 질문들에 대답하십시오.

여호수아는 약속의 땅의 어느 부분을 차지했습니까?

첫째 ____________ 둘째 ____________ 셋째 ____________

여호수아는 가나안 땅을 정복하기 위하여 어떠한 군사적인 작전을 사용했습니까? (지도를 연구하십시오)

____

Ⅲ. 땅을 분배함 (13 - 24장)

이 부분에서 남은 9와 1/2 지파들 사이에서 요단 서편 가나안 영토의 분배가 이루어 졌습니다.

레위인들은 땅의 부분에 관해서는 어떠한 종족의 유업도 받지 않았습니다.

그들은 그 땅에서 무엇을 유업으로 받았습니까?<21:2>

____

이 계획은 이스라엘의 믿음의 지도자들이 교사와 목사로서 더욱 잘 섬길 수 있도록 그들을 지파들 가운데로 흩어져 나가게 하였습니다.

다른 2와 1/2지파들의 유업은 어떻게 되었습니까?

____

____

____

23장과 24장은 여호수아의 생애의 마지막을 장식하고 있습니다.

그가 그의 고별 연설을 하기 위하여 백성들의 지도자들의 모임을 갖었을 때 그는 약 110세 가량 되었었습니다.

그의 연설의 주요 요지는 우상숭배에 대한 경고였습니다.

가나안 사람들의 이방종교 예식은 부도덕한 행위들을 포함하고 있었는데 이스라엘의 후기 역사는 이스라엘 사람들이 이 악한 행위들을 취한 것을 보여주고 있으며 그것은 결국 민족으로써 그들 위에 하나님의 심판을 초래하고 말았던 것입니다.

모임은 백성들이 이스라엘의 하나님을 섬기겠다고 엄중히 약속함과 함께 백성들과 여호수아 사이의 언약으로 마쳤습니다.

이 모임 직후 여호수아는 잠들었습니다 <24:29>.

여호수아의 군대
출　정

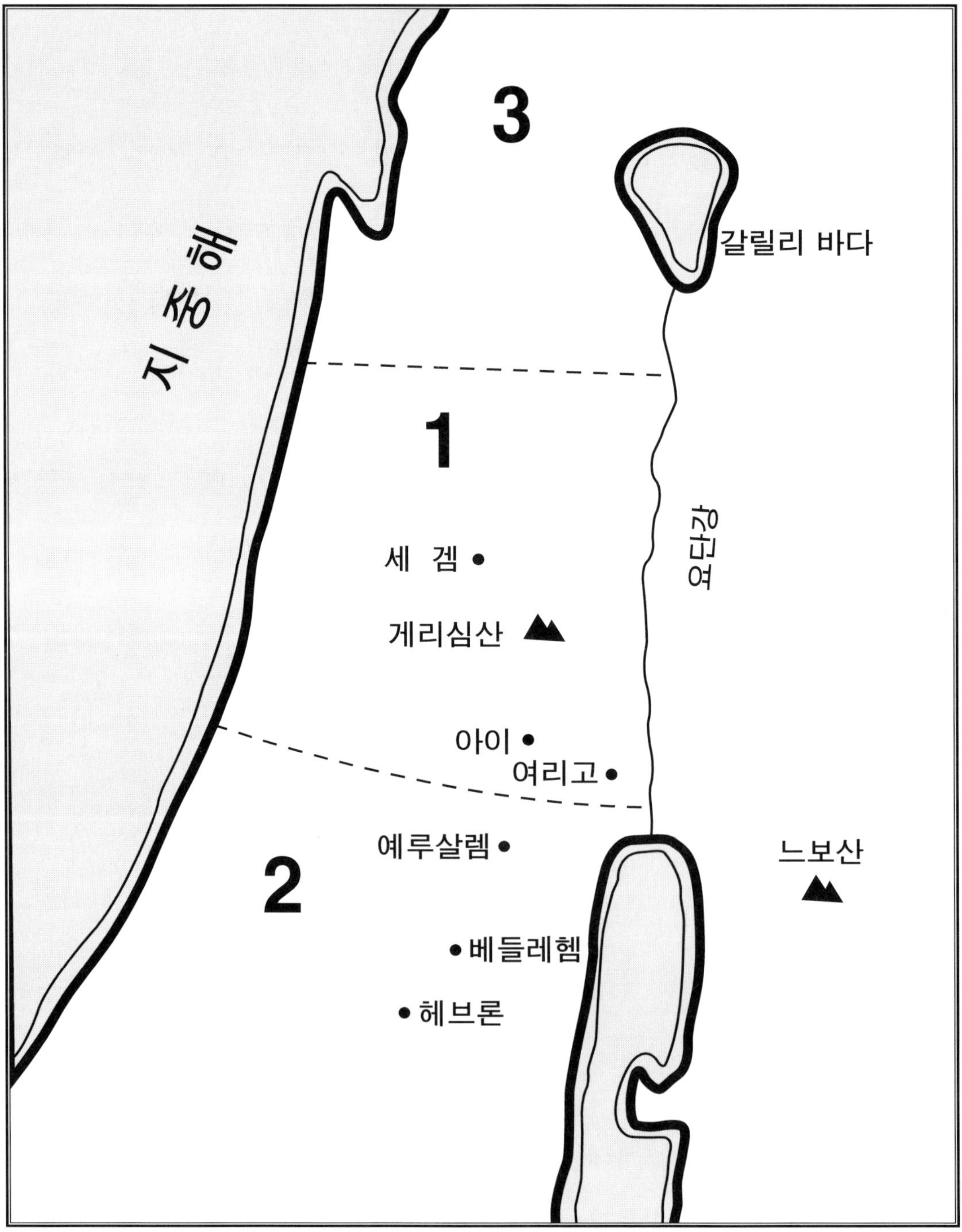

제8주 사 사 기

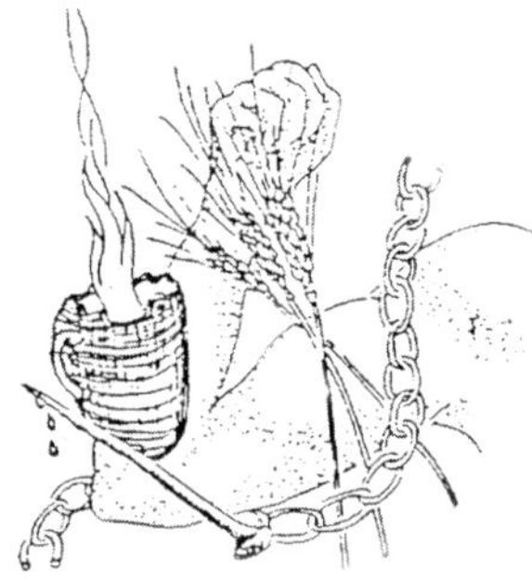

사사기는 여호수아서가 모세의 죽음이후로부터 이야기를 시작하는 것과 같이 여호수아의 죽음이후 이스라엘 백성들의 이야기를 계속하고 있습니다.

이 책은 패배와 치욕으로 가득차 있습니다. 주요 구절은 두 곳에서 찾을 수 있습니다. ---17:6 과 21:25. 그것은 다음과 같이 말하고 있습니다.

____

____

사사기는 히브리 백성들의 "암흑의 시대"라고 불리어지는데 왜냐하면 그것은 이방신들을 위하여 하나님을 버린 이스라엘의 반복적인 순환을 보여주고 있기 때문입니다. 하나님은 그들을 가나안 사람들의 손에 고통받도록 허락하셨는데 그것은 그들이 하나님께 도움을 요청하도록 돌아서게 만들어 주었습니다. 그러면 하나님은 구원자를 보내 주셨으나 그 구원자가 죽으면 배교의 옛 모형이 다시 돌아오곤 하였습니다.

사사기는 여호수아의 죽음으로부터 사울이 왕위에 오르는 약 250년에 달하는 기간을 망라하고 있습니다.

사사기의 간략한 개요 :

Ⅰ. 배 교 (1 - 2:5)

사사기

이스라엘 마지막 판관이자 하나님의 선택을 받아 괴력을 지닌 영웅..

사나운 사자의 입을 두 손으로 찢어 단숨에 숨통을 끊어 버렸고, 당나귀 턱뼈 하나로 블레셋 사람 천 명을 저승으로 보낸 초인적 인물..

경건한 생활을 하여야 하는 나실인의 수칙을 어기며 여색에 빠졌고 블레셋인(팔레스티나)이 은 천냥에 고용한 데릴라의 꾐에 넘어가 괴력의 원천이 긴 머리에서 나옴을 알려주는 실수를......

Ⅱ. 사사들의 시대 (2:6 - 16:31)

Ⅲ. 부 록 (17 - 21장)

****

Ⅰ. 배 교 (1 - 2:5)

여호수아 죽음이후 약속의 땅의 많은 부분이 아직도 정복되어야 할 상태로 남아 있었습니다. 이스라엘의 첫 행동은 그들이 어떻게 최후의 정복을 시작해야 할까에 관하여 하나님의 뜻을 찾는 것이었습니다.

하나님은 가서 먼저 공격을 하도록 왕족인 유다를 지명하셨습니다.<1:2> 그 일은 잘 시작했으나 실패로 끝났습니다.

이스라엘 백성들은 하나님이 명령하셨던 것같이 적들을 몰아내지 않았습니다 대신에 그들은 무엇을 했습니까?<1:28,30,32과 33>

___

___

수2:1-5에서 주의 사자는 이 죄의 결과가 무엇이 될것이라고 했습니까?

___

___

이스라엘 자손들은 그들 자신의 심판을 자초했으며 스스로 자신들의 처형자가 되었습니다. 몇차례나 이스라엘은 전멸될 막바지에 이르렀으나 하나님께서 간섭하셨습니다.

Ⅱ. 사사들의 시대 (2:6 - 16:31)

여호수아의 죽음후 그의 세대의 장로들은 그 온 세대가 사라질 때까지 하나씩 하나씩 모두 죽었습니다. 그리고나서는 하나님께서 이스라엘을 위해서 하신 위대한 일들을 보지 못한 새 세대가 왔습니다. 그러므로 이스라엘 사람들은 하나님께 예배드리기를 버리고 바알신을 섬겼습니다.<2:10-13>

이 기간 동안에는 수도나 중앙정부가 없었으므로 12지파들 사이에는 연합이 없었습니다. 백성들이 범죄했을때 하나님은 그들의 적들이 그들을 쳐 부수도록 허락하셨습니다. 그때마다 백성들은 고통속에서 하나님께 부르짖었습니다. 이 일이 있을 때마다 하나님은 '사사'라고 불리우는 지도자를 보내셔서 그들을 구원하셨습니다.

이 몇몇 사사들을 여러분 자신이 익히시도록 68면의 도표를 채워넣으십시오.

그들이 실제로 그것을 감사할 줄 몰랐음에도 불구하고 하나님은 되풀이하여 그의 백성들을 그들의 원수들로부터 구해 내셨습니다. 사사기에서 우리는 하나님의 사랑이 분명히 드러난 것을 봅니다. 이스라엘 백성들의 과거의 불성실함과 또한 그것이 다시 일어날 것을 아심에도 불구하고 하나님은 그들이 그에게로 돌아올 때마다 그들을 구해내셨습니다.

Ⅲ. 부 록 (17 - 21장)

이 단락은 이 책의 나머지 부분과 다릅니다. 이제 이스라엘의 위대한 영웅들보다 이스라엘의 죄와 부도덕을 설명하는 두 사건들로 주의는 집중됩니다.

이 두 사건들의 첫 번째는 블레셋인들이 단 지파 사람들을 이스라엘의 남으로부터 북부 지역까지 압박한 이야기입니다. 거기서 그들은 모세의 율법에 의해서 엄격히 금지된 우상을 세웠습니

■ **사사기**

1. 기록자 : 누가 기록했는지 알 수 없다 (사무엘이 기록했을 가능성도 있다)
2. 기록연대 : B.C. 1043~1004년 사이
3. 기록장소 : 약속의 땅인 가나안
4. 기록대상 : 이스라엘 백성
5. 핵심어 및 내용 :

사사기의 핵심어는 "불순종", "심판", "회개", "자비"등이다. 이스라엘 백성은 반복되는 자신들의 타락에 대해서 회개하고 돌이키기 보다는 계속해서 죄를 범하였다. 그들은 불순종함으로 말미암아 하나님의 심판을 받게 되었다. 그러나 고통 가운데에서 이스라엘 백성이 회개하자 하나님은 그의 자비로써 이스라엘 백성을 회복하고 그들에게 평안한 삶을 허락해줄 지도자를 세우셨다.

다.<17 -18장>

19-21장에 기록된 두 번째 사건은 레위인을 잘못 다룬 일을 말해주고 있는데 그것은 베냐민 지파와의 전쟁을 초래하여 그 지파가 거의 전멸되기에 이르렀던 것입니다.

사사기의 마지막 부분에서는 백성들을 연합시키고 그들을 하나님과의 교제로 다시 인도하도록 하나님에의해 부르심을 받은 강력한 인물이 없었습니다.

이스라엘이 여러 사사들

이 름	지 파	유명한 특성들	사사로서의 기간	참고 성경구절
	유 다	갈렙의 조카, 이스라엘의 첫사사	40	3:8~11
	베냐민	왼손잡이, 18인치 크기의 칼	80	3:12~30
	모 름	소모는 막대기로 600명의 블레셋 사람을 죽임.	?	3:31
	에브라임	유일한 여 사사	40	4:1~5:31
	므낫세	양탈 한뭉치, 밀을 타작하다 부르심 받음, 300명으로 미디안 사람을 쳐부수다	40?	6:1~8:35
	단	나실인, 들릴라를 사랑하다	20	13:1~16:31

제9주 룻 기

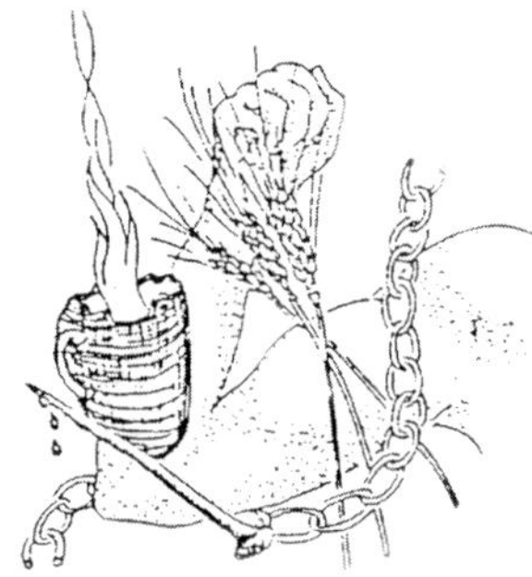

룻기의 사건들은 사사시대 기간동안 일어났으나 여기서 우리는 얼마나 다른 차이를 볼 수 있을까요! 폭력과 부도덕 대신에 우리는 부드러움과 사랑을 읽습니다. 그것은 어떤 유명한 도시로부터 있었던 경건한 가정의 이야기 입니까?<1:1>

____

이 가족은 그들의 땅에서의 기근 때문에 모압땅으로 이주하였습니다. 거기에서 엘리멜렉과 나오미의 두 아들들은 모압 여인들과 결혼을 하였는데 그여인들은 하나님을 예배하는 자들이 되었습니다.<1:1-4> 무엇이 나오미와 그녀의 자부들로 하여금 베들레헴으로 돌아오게 하였습니까?<1:3,5>

____

____

유다로 오는 길에 나오미는 그녀의 두 자부인 오르바와 룻의 장래의 복지에 대하여 염려하게되어 그들로 하여금 그들의 고향인 모압으로 돌아가도록 부탁하였습니다. 오르바는 슬퍼하며 돌아갔으나 룻은 외롭고 연로한 나오미를 떠나지 않았습니다.<1:11-18>

나오미와 룻은 베들레헴에 돌아왔을 때 그들은 몹시 가난했습니다. 레위기19:9-10에서 모세의 율법은 추수의 이삭은 반드시 가난한 자들을 위하여 남겨둘 것을 요구하고 있습니다. 밭에서 이삭을 줍는동안 룻은 보아스를 만났고 그의 마음을 빼앗았으며 그들

■ **룻기**

1. **기록자** : 누가 기록했는지 알 수 없다.
(전승에 의하면 사무엘이 기록했다고 한다)
2. **기록연대** : 확실하지 않다
(하지만 B.C. 1011~931년 사이에 기록됐다는 견해가 지배적이다.)
3. **기록장소** : 기록 장소는 어디인지 모른다.(아마도 유다에서 기록했을 것이다)
4. **기록대상** : 이스라엘 백성
5. **핵심어 및 내용** :
룻기의 핵심어는 "기업무를 자", "조상"등이다. 보아스는 나오미의 친척으로서 나오미의 기업에 대한 권리를 회복시켜 주기 위하여 기꺼이 기업무를 자가 되었다. 그래서 그는 룻과 결혼을 하였고 아들을 낳아 나오미 집안의 가계를 이어 주었다. 이렇게 하여서 룻은 다윗의 족보 속에 들어갔다. 보아스와 룻은 다윗의 증조부와 증조모가 되었다.

룻과 보아스의 만남

룻과 보아스의 만남 (룻기 2:8-3:17)

작가 POUSSIN, Nicolas (1660-1664)

은 결혼하였습니다.<2:1-4:13>

보아스와 룻은 ________ 라고 이름하는 아들을 낳았고, 그는 이새라고 이름하는 아들을 낳았으며 그는 __________ 라고 이름하는 아들을 낳았습니다.<4:22>

이 책은 예수 그리스도의 조상들의 계보를 확립해줍니다.<마1:5-6> 우리는 하나님께서 창세기3:15과 22:15-18 에서 그가 하신 약속들을 지키시고 계신 것을 볼 수 있습니다. 이 약속은 어떠한 것입니까?

____

____

____

제10주 사무엘 상

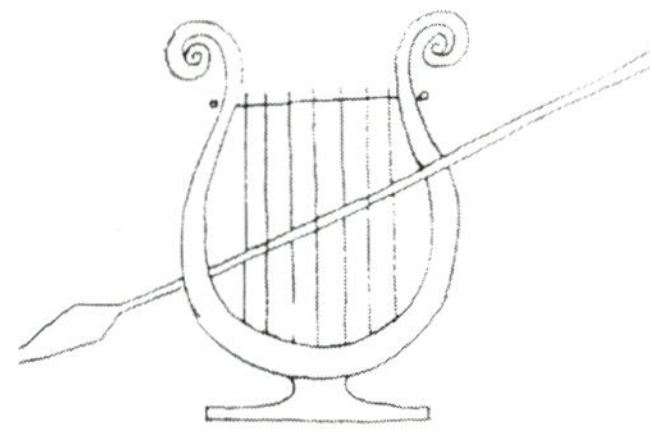

사무엘 상은 사무엘의 어린 시절로부터 사울의 통치를 지나 다윗의 통치의 시작까지의 기간을 망라하고 있습니다. 사무엘은 마지막 사사였으며 사울은 첫 번째 왕이었습니다.

사무엘 상하와 열왕기 상하는 함께 통일 왕국의 역사와 유다와 이스라엘로 분열된 왕국의 분쟁의 역사를 완성해줍니다. 히브리어로는 사무엘 상하는 한권입니다. 이 두 책의 이름은 사무엘이라는 중심 인물로부터 온 것입니다. 그는 사무엘 상의 전반부의 지배적인 인물이며 사울과 다윗의 이스라엘의 왕으로 기름부은 자입니다.

사무엘상의 간략한 개요 :

Ⅰ. 사무엘의 생애와 사역 (1 - 7장)

Ⅱ. 사울의 생애와 사역 (8 - 31장)

Ⅲ. 다윗의 초기 생애 (16 - 31장)

(주: 사울과 다윗의 생애는 중복됩니다)

****

Ⅰ. 사무엘의 생애와 사역 (1 - 7장)

한나가 사무엘을 하나님의 제사장 엘리에게 바치고 있는 모습을 17세기 네덜란드 화가 얀 빅토르가 그린 작품이다.

사무엘 상은 마음의 간절한 소원을 기도드리는 엘가나의 아내 한나의 이야기로 시작됩니다. 이 소원은 무엇이었습니까?

____

____

히브리 여인에게 있어서 잉태치 못하는 것은 하나님께서 그녀에게 진노하셨다는 징조였습니다. 모든 히브리 여인들의 마음 속에는 약속된 메시야의 어머니가 된다는 어렴풋한 희망이 불타고 있었습니다.

이 믿음의 기도가 단순하고 믿음을 가진 여인 한나의 입술로부터 나온 때는 이스라엘의 어둡고 고통스런 시대였습니다.

만일 하나님께서 그녀의 기도를 응답해주신다면 한나는 무엇을 하겠다고 약속했습니까? <1:11>

____

____

하나님은 이 기도를 응답하셔서 한나에게 사무엘이란 아들을 주어 축복하셨습니다.<1:20>

사무엘이 젖을 뗀 후 한나는 실로에 있는 성막으로 그를 데려왔습니다<1:24-25>. 제사장직의 타락이 구역질이 날 정도였음에도 불구하고 사무엘은 하나님의 보호를 받으며 주를 경외함으로 자랐습니다.

엘리는 이 당시 사사인 동시에 제사장이었으며 40년간을 다스렸습니다. 그는 자식들을 제멋대로 하게 내버려두는 아버지였으며 그 결과로 역시 제사장이었던 그의 아들들은 매우 부도덕하였습니다. 그러므로 나라는 도덕적으로 타락했으며 하나님은 엘리에게 그의 집이 멸망할 것을 경고했습니다. <2장>

이스라엘은 오랜 동안 범죄해왔습니다. 이 때문에 사무엘상 4장에 기록된 재앙이 있었던 것입니다. 그들의 적 블레셋이 침입했을 때 이스라엘은 패했으며 블레셋에 의해서 어떤 매우 중대한 일이 일어났습니다.

그것은 무엇이었습니까? <4:10-11>

이 침입 당시 엘리의 아들들은 죽임을 당했습니다. 엘리는 이 모든 일어났던 일들을 듣자 충격으로 죽고 말았는데 그때 그의 나이는 98세였습니다.<4:15-18>

5장에서 블레셋인들이 전리품으로 법궤를 가져다 그들의 신 다곤의 집에 놓았던 것을 볼 수 있습니다.

법궤의 임재속에서 이 거짓 신에게 어떤 일이 일어났습니까?<5:1-5>

5장의 나머지 부분과 6장 전체는 법궤가 블레셋 사람들에게 가져다 준 문제들을 기록하고 있습니다. 이 문제들 때문에 법궤는 이스라엘 사람들에게 돌아왔습니다. 후에 법궤는 다윗에 의하여 예루살렘으로 옮겨져 그것을 위해 지어진 임시 성막에 놓여지게 되었습니다<삼하6장>. 마지막으로 그것은 솔로몬 성전의 지성소에 놓여졌습니다<왕상8:1-9>. 그것은 느브갓네살이 예루살렘을 멸망시켰을 때 사라졌습니다<왕하25장>.

사무엘상 7장은 사무엘 아래서 일어났던 이스라엘의 부흥과 블레셋을 무찌른 것에 관한 기록입니다. 바알과 아스다롯의 우상들과 가나안의 토지신들은 멸망을 당했습니다. 사무엘은 엘리의 자리를 이어서 <15-17절> 사사와 제사장이 되었으며 회개의 행위로

■ **사무엘 상**

1. **기록자** : 누가 기록했는지 알 수 없다.
(아마도 가드와 나단의 회고록에서 발췌하여 사무엘이 기록하였을 것이다).
2. **기록연대** :
아마도 B.C. 1050에서 931년 사이에 기록했을 것이다. 그러나 B.C. 930년~722년 사이의 어느 시점에 이르러서야 한 권의 책으로 완성되었다.
3. **기록장소** :
기록 장소는 어디인지 모른다.
(아마도 이스라엘에서 기록했을 것이다)
4. **기록대상** : 이스라엘 백성
5. **핵심어 및 내용** :
사무엘상의 핵심어는 "시기"와 "마음"이다. 이 책은 시기심으로 가득차 있다. 이스라엘은 이웃 나라들에게 왕이 있는 것을 보고 그것을 시기하였다. 또한 사울은 다윗이 승리하는 것을 시기하였다. 하지만 하나님은 사람의 마음을 감찰하시기 때문에 인간들이 생각하는 방식대로 하나님의 사람을 선택하시지는 않는다.

골리앗을 쓰러뜨린 다윗(사무엘상17장)
작품 David and Goliath–미켈란젤로 (O(1509)

써 나라를 이끌어 나갔습니다.

사무엘이 에벤에셀이라고 부른 돌은 무엇을 상징합니까 ?<삼상 7:12>

___

___

Ⅱ. 사울의 생애와 사역 (8 – 31장)

삼상8:4–5에서 장로들이 라마에 모여 사무엘에게 무엇을 요청했습니까?

___

사무엘은 그들에게 댓가를 경고했습니다. 그들은 주위 국가들이 왕을 가지고 있는 것을 보고 그들도 왕을 원했지만 그것은 징집과 강제노동, 중한 세금 그리고 자유의 상실을 의미할 수 있는 것이었습니다<8:6–18>.

그들은 사무엘의 경고에 어떻게 응답했습니까 ? <8:19–20>

___

___

10장에서 사무엘은 이스라엘의 첫 번째 왕으로서 사울에게 기름을 부었습니다. 사울은 보기에 용모가 준수한 자였으며 크고 강한 자였습니다<9:1–2>. 그는 겸손하고 온유한 좋은 왕으로 출발하였습니다. 삼상11:6–7에서 이스라엘 백성들은 사울의 주위에 모여들었으며 여호수아 이후 처음으로 민족이 한 지도자 아래 연합되었습니다.

사울의 지도력 아래 이스라엘 백성들은 암몬 사람들을 쳐부셨으며 사울은 백성들에게 길갈로가서 주께 제사를 드리자고 말했습니다 <11:14–15>.

사무엘은 삼상12:24-25에서 백성들에게 어떠한 경고를 주었습니까?

____

____

13장에서 사울은 불순종하고 교만함으로 제사장의 직무를 취하여 번제를 드렸습니다. 이 죄 때문에 사울은 그의 왕위를 잃게 될 것을 사무엘에 의해 통고 받았습니다 <13:13-14>.

그리고 난후 15장에서 사울은 아말렉을 전멸하라는 주님의 직접명령을 불순종했습니다. 그러므로 사무엘은 사울에게 그의 죄 때문에 주께서 그를 왕으로부터 버리셨다고 말하였습니다<23절>.

사울의 불순종 때문에 주님은 사무엘에게 다윗을 이스라엘의 왕으로 기름 부을 것을 명하셨습니다 <16:11-13>.

다윗이 거인 골리앗을 죽인 후<17장> 다윗의 인기는 대단해져서 사람들은 다음과 같이 외쳤습니다: "사울이 죽인 자는 천천이요 다윗이 죽인 자는 만만이로다" <18:7>. 이것이 사울을 진노하게 만들어서 그 때로부터 사울의 마음속에는 다윗을 향한 질투심이 끓어오르게 되었습니다.

이 때쯤되어 이 이야기 속에 흥미있는 한 인물이 나타나게 되었으니 그는 요나단이었습니다.

요나단은 누구이며 그는 다윗과 어떠한 관계였습니까? <13:16; 18:1-3>

____

____

블레셋과의 전쟁에서 사울과 요나단과 사울의 다른 두 아들들은 죽임을 당했습니다. 약속으로 가득찼던 생애는 패배로 끝마쳤습니다 <31장>.

Ⅲ. 다윗의 초기 생애 (16 - 31장)

다윗은 하나님의 마음에 합한 자였으며 이스라엘의 온 역사 가운데 가장 위대한 인물중의 한사람이었습니다.

다윗은 룻과 보아스의 증손이며 이새의 아들 여덟 형제중 막내였습니다. 다윗이 18세 밖에 안되었을 때 하나님은 사무엘에게 사울의 뒤를 이을 왕으로서 그에게 기름을 부을 것을 명하셨습니다.

다윗은 어느 마을에서 태어났습니까 ?<삼상16:1-4>

___

이것이 신약에서 이 마을을 다윗의 동네라고 부르는 이유입니다. <눅2:4, 11>

사울은 여러번 다윗을 죽이려고 시도했습니다. 이 사건들은 사무엘상 19-26장에 기록되어 있습니다. 그러나 다윗의 목숨은 보전되었습니다.<시37장과 59장>

다윗은 두 번씩이나 사울을 죽일 기회가 있었으나 그렇게 하지 않았습니다<삼상24장과 26장>. 다윗에 대하여 사울이 발작하고 있을 때 사무엘은 죽었습니다<25:1>.

끝으로 다윗은 이스라엘의 경계 밖에서만 사울로부터 피난처를 찾을 수 있었습니다 <27:1>. 다윗은 사우로가 그의 아들들이 죽을 때까지 망명생활을 했습니다.

사무엘 하에서 우리는 다윗이 어떻게 이스라엘로 돌아왔으며 국가를 영광과 번영의 극치로 인도하였는지를 볼 것입니다.

제11주 사무엘하

사무엘하는 왕으로서 다윗의 이야기를 거의 완전히 다루고 있습니다. 그러나 다윗의 통치가 열왕기상까지 계속되기 때문에 이야기 전체를 말해주는 것은 아닙니다.

사무엘하 2장의 시작에서 아말렉 사람은 사울의 죽음에 대하여 사무엘상 31장에 나타난것과 다른 보고를 하고있습니다. 그것은 그가 다윗으로부터 상 받기를 소원하여 사실을 왜곡한 것으로 보입니다. 그러나 아말렉 사람의 이야기에 대한 다윗의 반응은 그가 예상했던 것이 아니었습니다. 왕의 목숨은 비록 그것이 사울의 것일지라도 모든 참 이스라엘 사람들에게는 신성한 것이었습니다 그러므로 다윗이 아말렉 사람의 이야기를 들었을 때 그는 그의 부하들에게 무엇을 할 것을 명하였습니까? <삼하1:15-16>

다윗의 모든 시들 중에서 가장 감동적이고 아름다운 것중의 하나가 사울왕과 요나단을 위한 애가입니다. 다윗의 관대한 마음은 사울이 행한 모든 나쁜 것들을 잊었을 뿐만 아니라 사울의 성품에 있어서 모든 좋은 것들을 기억하였습니다. <1:19-27>

이 노래 후 사무엘하는 왕으로서 다윗의 이야기를 하기 시작합니다.

사무엘하의 간략한 개요 :

다윗왕

다윗이 헤브론에 왕위 즉위를 받은 후의 모습(사무엘하5장)

작품 David-BERRUGUETE, Pedro(1500)

Ⅰ. 다윗의 융성 (2 - 10장)

Ⅱ. 다윗의 타락과 형벌 (11 - 20장)

Ⅲ. 다윗의 마지막 날들 (21 - 24장)

****

Ⅰ. 다윗의 융성 (2 - 10장)

2장에서 다윗은 하나님께 어디에다 그의 왕국을 세워야 할까를 묻습니다 하나님의 대답은 무엇이었습니까? <2:1>

___

다윗이 성읍으로 올라가자 즉시로 유다 사람들이 와서 그에게 기름을 부어 유다 족속의 왕으로 삼았습니다.

다른 지파들로부터 수년간의 반항이 있은 후 다윗은 그의 능력과 탁월한 영성으로 말미암아 온 이스라엘의 마음을 얻게 되었습니다. 그는 대적이 없었으며 모든 지파들로부터 대표자들이 그를 온 이스라엘의 왕으로 기름붓기 위해서 헤브론으로 왔습니다.<5:3>

다윗의 첫 번째 사업계획은 무엇이었습니까?<삼하5:6-9; 대상 11:4-9>

___

___

여호수아 시대 이후로 예루살렘만은 이스라엘의 공격 따위를 문제삼지 않아왔습니다. <수15:63; 삿1:21> 예루살렘은 수도로써 지파들 사이에 질투심을 야기시키지 않았는데 왜냐하면 그것은 중

립적인 영토였고 수도로써 뛰어난 요새를 제공해 주었기 때문이었습니다.

다윗이 예루살렘을 수도로 설립한 후 그는 법궤를 거기에 모셔 오기 원했습니다. 법궤는 삼상7:2에 마지막으로 언급되었는데 그곳은 기랏 여아림에 위치한 곳이었습니다. 예루살렘으로 법궤를 모셔 오는 것은 북 지파들의 특별한 관심을 끄는 것이므로 그 민족을 더욱 잘 연합시켜 주는 것이었습니다.

분명히 그는 이 일이 있어 하나님의 뜻을 묻지 아니한고로 비극이 따라오게 되었습니다. <삼하6:1-19>

법궤가 예루살렘에 온 후 다윗은 그것이 아직도 장막에 거하고 있으므로 마음에 근심하게 되었습니다. <7:1-2> 그는 선지자 나단을 불러서 그에게 그의 심정을 말했습니다. 처음에 나단은 주께서 다윗이 성전을 건축하는 것을 지지하실 것이며 그가 그의 계획을 진행해야 할 것을 선언했으나 후에 하나님은 나단에게 다윗의 아들이 그의 성전을 건축할 것을 다윗에게 고하라고 말씀하셨습니다. <7:12-13>

그러나 다윗은 그의 성실함에 대해 무엇으로 보상받을 것이라고 말씀을 들었습니까?

____

____

이 약속은 어떻게 성취되었습니까?<마1:6; 눅1:32-33; 눅2:4>

____

____

____

8장은 7장에서의 사건들보다 앞서 일어난 것입니다.<7:1> 다윗

■ 사무엘 하

1. **기록자** : 누가 기록했는지 알 수 없다.
   (아마도 가드와 나단의 회고록에서 발췌하여 사무엘이 기록하였을 것이다).
2. **기록연대** :
   아마도 B.C. 1050에서 931년 사이에 기록했을 것이다. 그러나 B.C. 930년~722년 사이의 어느 시점에 이르러서야 한 권의 책으로 완성되었다.
3. **기록장소** :
   기록 장소는 어디인지 모른다.
   (아마도 이스라엘에서 기록했을 것이다)
4. **기록대상** : 이스라엘 백성
5. **핵심어 및 내용** :
   사무엘하의 핵심어는 "기름 부음 받은 자", "다윗"등이다. 이 책의 전체 내용은 기름 부음을 받은 다윗의 일생을 중심으로 전개되고 있다. 다윗이 전쟁에서 승리하거나 좌절하고 범죄했던 그의 모든 삶은 하나님이 그에게 베풀어 주신 중요한 직분의 차원에서 이해해야 한다.

다윗의 밧세바와의 불륜(사무엘하11장)
작품 Bathsheba at the Bath-RICCI, Sebastiano(1720)

은 전쟁의 모든 전술에 있어서 천재였습니다.

83면의 지도를 연구하시고 다윗이 정복했던 적들을 열거 하십시오.

1.____________________ 2.____________________

3.____________________ 4.____________________

5.____________________ 6.____________________

(8장과 10장을 참조 하십시오)

이 다윗 왕국의 지도에서 볼 때 다윗은 대략 얼마나 이스라엘의 영토를 증가 시켰습니까? (동그라미를 치십시오)

10% 25% 50% 100%

왕으로서 다윗의 지도력하에 이스라엘은 오늘날까지 "이스라엘의 황금기"라 불리우는 것에 도달했습니다. 나라 안에는 우상들도 없었고 어떠한 종류의 뚜렷한 영적인 연약함도 없었습니다. 나라는 또한 그 당시에 물질적으로도 풍성했으며 지상에서 강대국이 되었던 것입니다.

Ⅱ. 다윗의 타락과 형벌 (11 - 20장)

만일 다윗의 생애가 11장 이전에 끝날 수 있었다면 그것은 훌륭했을 것입니다 성경전체에서 이 장보다 더 비극적인 것은 아마도 없을 것입니다.

다윗의 군대는 암몬 군사들과 싸우고 있었으나 그들의 왕은 그들과 함께 있지 않았습니다. 다윗이 집에 있으면서 왕궁 지붕위를 거닐고 있을 때 그는 아름다운 밧세바가 목욕하는 것을 보았습니다. 그는 그녀를 불러들여 간음을 했습니다.<삼하11:1-4>

밧세바는 이 일로 인해 잉태하게 되어 다윗왕에게 소식을 보내 고하였습니다. 다윗이 이 말을 들었을 때 그는 밧세바의 남편이며 다윗 군대의 군사인 우리야를 불렀습니다. 다윗은 우리야에게 군사의 안부와 싸움의 어떠한 것을 물었습니다. 그리고나서 그는 우리야에게 집으로 가서 아내와 동침할 것을 명했습니다. 이것은 자신의 죄를 은폐하려는 다윗의 계획이었습니다. 그러나 그 밤에 우리야는 집으로 가지 않고 왕의 신복들과 더불어 잤습니다.
왜 우리야는 집으로 가지 않았습니까?<11:11>

다윗이 그의 죄를 은폐하려는 것에 실패했음을 알았을 때 그는 어떻게 했습니까? <11:15:17>

다윗의 간음죄와 살인죄는 그의 남은 생애 동안 내내 그를 따라다녔습니다. 그는 그가 뿌린것을 거두어야 했으며 그의 집에서와 이스라엘 나라 안에서 그가 거둔 댓가를 우리는 볼 수 있는 것입니다.

다윗은 나단 선지자에 의해 그의 죄에 직면하게 되었습니다. 이 만남에서 다윗은 네 가지 형벌을 선고 받았습니다. 이 형벌은 어떻게 일어나게 되었습니까?

(1). ______

______ <12:15-18>

(2). ______

______ <13:14>

(3). ______

______ <13:28-29>

기도하는 다윗(시편22-23절)
작품 : King David in Prayer-GREBBER, Pieter de(1635-40)

(4). ____________________

____________________ <14-18장>

압살롬의 죽음에 대해 들었을 때 다윗의 반응은 어떠했습니까?<18:33-19:4>

____

____

Ⅲ. 다윗의 마지막 날들 (21 - 24장)

반역 이후 다윗은 다시 한번 이스라엘을 다스렸습니다. 재건이 시작 되었고 다윗은 성전 건축을 위해서 막대한 자재들을 준비했습니다. 이 내용은 역대상22:14-19에 기록되었습니다.

사무엘 하의 마지막 절들은 아리우나의 타작 마당을 다윗이 구입한 것에 관해 말씀하고 있는데 그 곳에서 그는 단을 쌓았습니다. <24:24-25>
후에 그 장소에 무엇이 세워졌습니까?<대하3:1>

____

다윗왕의 죽음은 열왕기상2:10-11에 기록되어 있습니다.
그는 70세의 나이에 죽었습니다. 이 날까지 그는 이스라엘의 가장 위대한 왕으로 명성이 나 있습니다. 그는 혼돈 속에 있던 나라를 취하여 400년 이상을 지속한 왕조로 만들었습니다. 그의 아들 솔로몬도 역시 위대한 왕이 되기는 했으나 그의 영광은 단지 그의 부친 다윗의 뛰어난 토대 때문에 가능한 것이었습니다.

다윗의 왕국

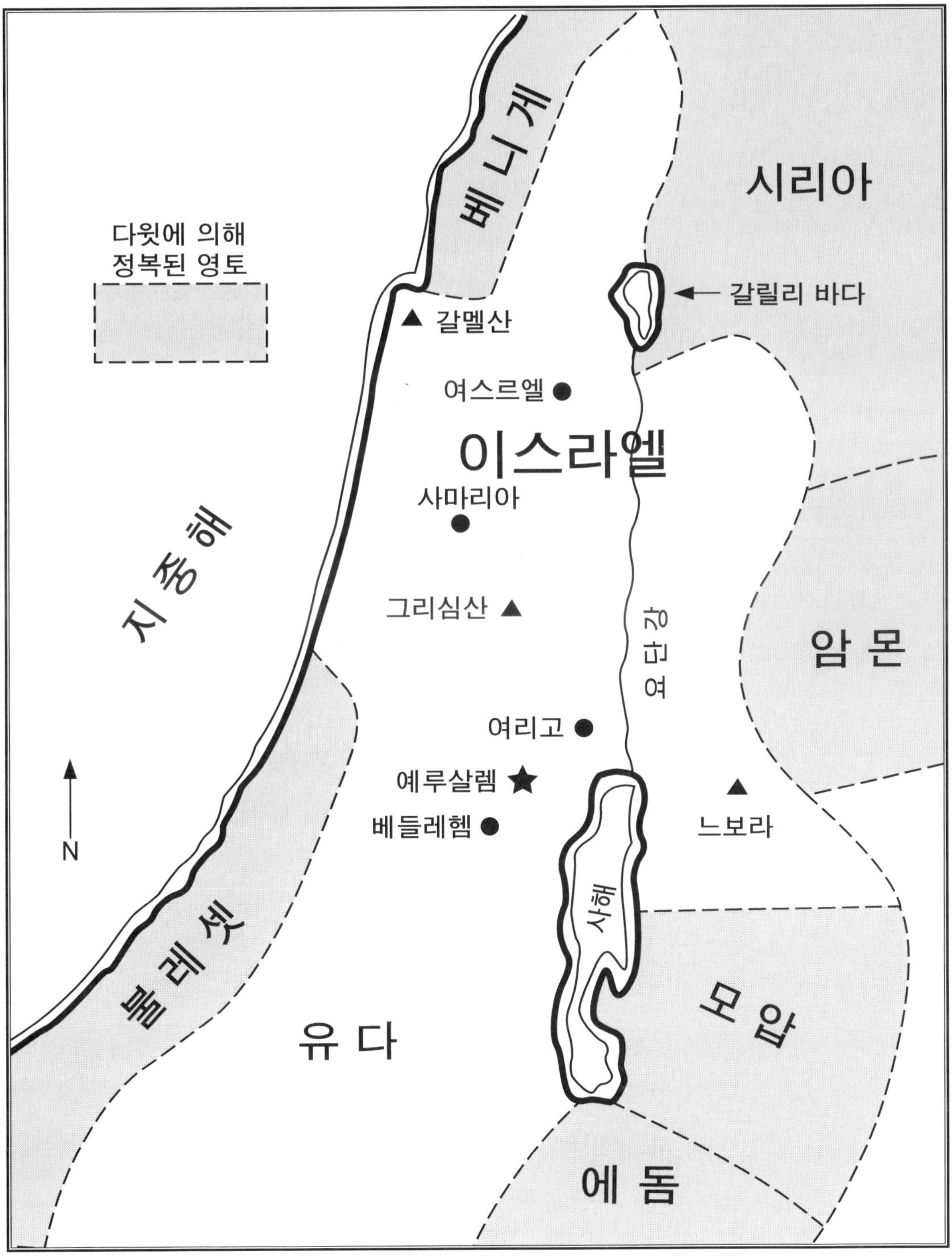

베니게
시리아
다윗에 의해
정복된 영토
갈릴리 바다
갈멜산
여스르엘
이스라엘
사마리아
지중해
그리심산
요단강
암 몬
여리고
예루살렘
느보라
베들레헴
N
사해
블레셋
모 압
유 다
에 돔

솔로몬의 재판(열왕기상3장)
작품 The Judgment of Solomon-
RAFFAELLO Sanzio(1518-19)

제12주 열왕기상

이 책에서 우리는 다윗의 아들이며 이스라엘 왕위의 계승자인 솔로몬의 생애와 통치에 대해서 공부할 것입니다. 다윗과 솔로몬의 왕국은 중동지역의 역사에 있어서 색다른 정치적 현상입니다. 비록 그들의 왕국이 애굽이나 앗수르 혹은 바벨론 대 제국들의 최고 전성기 때와 같이 많은 땅을 차지하지 않았음에도 불구하고 다윗과 솔로몬은 그들 시대의 가장 강력한 통치자였습니다.

다윗은 왕국의 경계를 확장했으나 이스라엘의 경제적 번영을 이룬 사람은 솔로몬입니다. 열왕기상 10:23에서는 그것을 다음과 같이 표현하고 있습니다. "솔로몬 왕의 재산과 지혜가 천하 열왕보다 큰지라..."

이 시대는 이스라엘 예술의 황금기였습니다. 구약의 여러 책들이 이 기간 동안에 씌어졌습니다. -- 시편, 잠언, 전도서, 그리고 아가서 -- 여호와께 드리는 예배는 다윗과 솔로몬의 통치 동안 그 극치에 도달하였으며 그것은 결코 다시는 이루어지지 못했습니다.

그러나 솔로몬의 통치 기간 중 번영과 평화 가운데서 몰락의 씨앗이 뿌려졌습니다. 열왕기상 11:1-4을 읽으시고 솔로몬의 약점을 기술해 보십시오.

열왕기상의 간략한 개요 :

Ⅰ. 솔로몬의 통치 (1 - 11장)

Ⅱ. 분열 왕국 (12 - 22장)

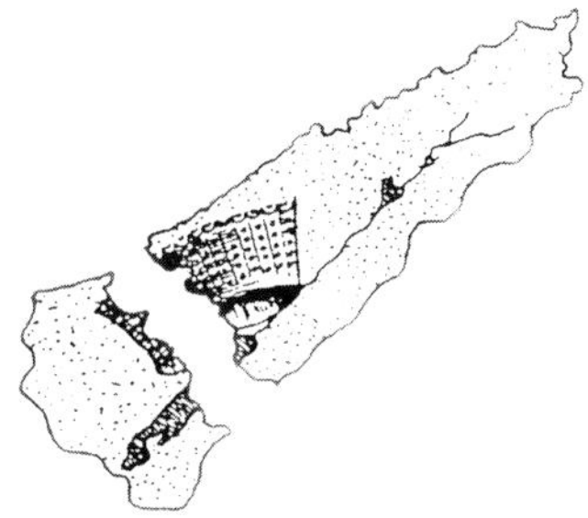

****

Ⅰ. 솔로몬의 통치 (1 - 11장)

이 책을 열면 우리는 늙어서 침상에 누워있는 다윗왕을 만납니다. 그의 아들 아도니야는 그가 왕이 되리라 결심하고 축하하기 위해 잔치를 배설했습니다. 이것을 들은 밧세바는 다윗에게 와서 그녀의 아들 솔로몬이 왕이 될 것이라고 했던 그의 약속을 그에게 상기시킵니다. 선지자 나단이 일어났던 일들이 사실임을 확증하자 다윗은 솔로몬을 즉시로 왕위에 앉힐 것을 결정합니다. 그러므로 솔로몬은 이스라엘의 왕으로서 기름부음을 받습니다<1:39>. 솔로몬은 왕으로 예루살렘에 돌아옵니다. 아도니야는 대적하는 것이 아무 쓸데없음을 알자 그도 솔로몬을 왕으로 인정했습니다 <1:53>.

다윗은 그의 아들 솔로몬에게 마지막 말들을 남긴 후 죽어서 그의 40년간의 통치를 끝냅니다. 다윗이 솔로몬에게 준 명령은 무엇이었습니까? <2:2-4>

____

____

____

하나님은 솔로몬의 초기 재위시 그에게 꿈에 나타나서 그가 요구하는 것은 무엇이든지 가질 수 있다고 말씀하셨습니다. 솔로몬은 무엇을 요구했습니까? <왕상 3:9>

■ 열왕기상

1. 기록자 : 누가 기록했는지 알 수 없다. (예레미야가 기록했을 가능성이 있다)
2. 기록연대 : B.C. 640~550년 사이 (이 책은 전해내려 오던 자료들을 모아서 편집한 것이다)
3. 기록장소 : 기록 장소는 어디인지 모른다.(아마도 유다와 이집트에서 기록했을 것이다)
4. 기록대상 : 이스라엘 백성
5. 핵심어 및 내용 : 열왕기상의 핵심어는 "지혜", "분열" 등이다. 솔로몬은 자신이 등극했을 때 인간적인 명예나 부를 하나님께 간구하지 않고 이스라엘 백성을 잘 다스릴 수 있는 지혜를 달라고 간구했다. 하지만 말년에 그의 이방 첩들의 나쁜 영향으로 말미암아 그의 마음은 하나님을 떠나게 되었다. 이 결과로 그의 왕국은 분열되었다.

엘리야에게 찾아 온 천사(열왕기상19장) 작품 Elijah Fed by an Angel-BOL, Ferdinand(1660-63)

그러므로 "솔로몬보다 더 큰 이가 여기 있느니라"<마 12:42>고 말씀하신 분이 오실 때까지 솔로몬은 이 세상에서 볼 수 있는 가장 지혜로운 사람이 되었습니다. 솔로몬의 첫 지혜로운 행동 중의 하나는 지혜있는 각료들을 함께 모아서 그들 각자가 자신의 부서를 책임지게 하는 것이었습니다. 이것이 왕국 안의 위대한 번영의 날들을 이끌어 갔던 것입니다.

그러나 솔로몬의 모든 업적 가운데 가장 위대한 것은 성전 건축이었습니다<6장>. 이것은 그의 부친 다윗이 하기를 꿈꾸었던 것이었습니다. 솔로몬의 성전이 건축되어진 웅장한 기초석은 오늘날까지도 남아 있습니다. 나중에 스룹바벨과 헤롯에 의하여 지어진 성전은 그 같은 장소에 세워졌습니다. 그리고 9세기에 그 장소로부터 모하멧이 하늘로 옮기어졌다고 해서 그 이후 1000년 동안을 모스렘들은 그곳을 신성한 장소로 보존하고 있습니다. 한 때 솔로몬의 성전이 서 있던 곳에 오늘날 유명한 바위 성전이 서 있습니다.

거대한 돌, 아름다운 백향목, 그리고 금으로 씌운 것이 솔로몬의 성전을 아마도 역사상 가장 아름다운 성전으로 만들어 주었을 것입니다. 이 성전의 건축에 관하여 열왕기상 6:7에서 찾을 수 있는 특이한 것은 무엇입니까?

처음에 솔로몬의 통치는 잘 나갔으나 후에 그는 그의 백성들을 세금으로 억누르기 시작했습니다. 외국의 방문객들 뿐만 아니라 그 자신의 심복들까지도 현혹시킨 그의 유명한 성전과 아름다운 궁전은 엄청난 돈이 들어갔으며 이것들을 지불하기 위하여 부과된 세금은 견딜 수 없는 것이 되었습니다<12:4>. 그러므로 불만과 혁명의 씨앗이 심겨지게 된 것입니다.

9장과 10장에서 인생의 절정에 있는 솔로몬을 볼 수 있습니다. 9:26-28과 10:21-23에 의하면 솔로몬은 아랍국과 그의 여러 나라들과 무역을 창시한 이스라엘의 첫 번째 왕이었습니다. 이것은 무엇이었으며 그것은 그의 왕국을 어떻게 도와주었습니까?

솔로몬은 또한 12지파의 지역들과는 다른 조세 지역들을 설정했습니다. 이것이 솔로몬의 통치 기간 중에는 받아들여졌으나 이 모순은 솔로몬이 죽자 남과북 사이에 분쟁을 일으키게 하였습니다.

그의 문제들에 덧붙여 솔로몬은 이스라엘의 평화와 안정을 보장하기 위하여 외국의 여인들과 수많은 정략적인 결혼을 하였습니다. 그러나 부인들은 그들의 이방 종교를 함께 가지고 와서 솔로몬과 그의 백성들이 배교로 가는 길을 깔아 놓았습니다<11:3-8>.

솔로몬의 생애의 마지막 즈음에 북 지파들 사이에 첫 혁명의 신호가 시작되었습니다. 이 기간 동안에 하나님은 선지자 아히야를 통하여 여로보암이라고 하는 젊은 이에게 말씀하셨습니다. 이하야는 여로보암에게 무엇이라고 말했습니까?<왕상 11:27-32>

솔로몬이 이것을 들었을 때 그는 여로보암을 죽이려고 찾았으나 여로보암은 애굽으로 달아나 솔로몬이 40년의 통치를 마치고 죽을 때까지 거기서 살았습니다.

Ⅱ. 분열 왕국 (12 - 22장)

솔로몬이 죽은 후 그의 아들 르호보암은 세겜으로 가서 이스라엘의 왕위에 올랐습니다. 여로보암이 솔로몬의 죽음을 들었을 때 그는 이스라엘로 돌아가 북쪽의 백성들을 이끌어 르호보암에게 무거운 세금과 강제 노역으로부터 가볍게 해 주기를 요청하였습니다. 3일 동안 그의 조언자들과 상담한 후 르호보암은 여로보암과 북 지파 사람들에게 무엇이라고 말했습니까? <왕상 12:12-14>

____

____

여로보암과 북 지파 사람들이 이것을 들었을 때 그들은 독립을 선언하고 그들 자신의 왕국을 세웠습니다. 연속되는 어려움 속에서 연합 왕국은 쪼개지고 말았습니다. 90면의 지도를 보고 다음의 질문에 대답하십시오 :

북 왕국은 무엇이라고 불리워졌습니까? ____________

북 왕국의 수도는 어디였습니까? ____________

남 왕국은 무엇이라고 불리워졌습니까? ____________

남 왕국의 수도는 어디였습니까? ____________

다윗의 통치하에 정복되어졌던 대부분의 영토는 잃어 버렸습니다. 그러므로 블레셋, 시리아, 암몬과 베니게 국가들은 독립을 얻었습니다. 이것은 국가의 세입을 잃음으로 인해 이스라엘과 유다 양쪽에 혹독한 결과를 초래하였습니다. 단지 에돔만이 유다의 속국으로 남게 되었으며 모압만이 계속하여 이스라엘에 조공을 바칠 뿐이었습니다.

한 때 이스라엘의 위대한 왕국은 서로 적대 관계가 된 두 개의 조그만 나라가 되었으면 이스라엘이 처음 약속의 땅에 들어왔을 때 취했던 원래의 땅보다 약간 더 소유했을 뿐이었습니다.

17-22장에서는 엘리야의 사역을 말씀해 줍니다. 엘리야라는 이름은 "여호와는 나의 하나님이시다"를 뜻하는 것으로써 그에게 온전히 적합한 것이었습니다. 그는 선지자들 중에 가장 뛰어난 자였으며 신약에서 다른 어떠한 선지자보다 더욱 많이 불려지고 있습니다. 변화산상에서 모세와 함께 나타난 사람이 바로 엘리야였습니다<마 17:3>.

열왕기상에 기록된 것으로써 엘리야의 사역 중 가장 눈에 두르러지는 두 가지는 무엇입니까?

(1) 17:1과 18:42-46 <야고보서 5:17-18 참조> ________________

____

(2) 18:19-39 ______________________________

____

엘리야의 사역의 기록은 열왕기하에 계속됩니다.

분열왕국

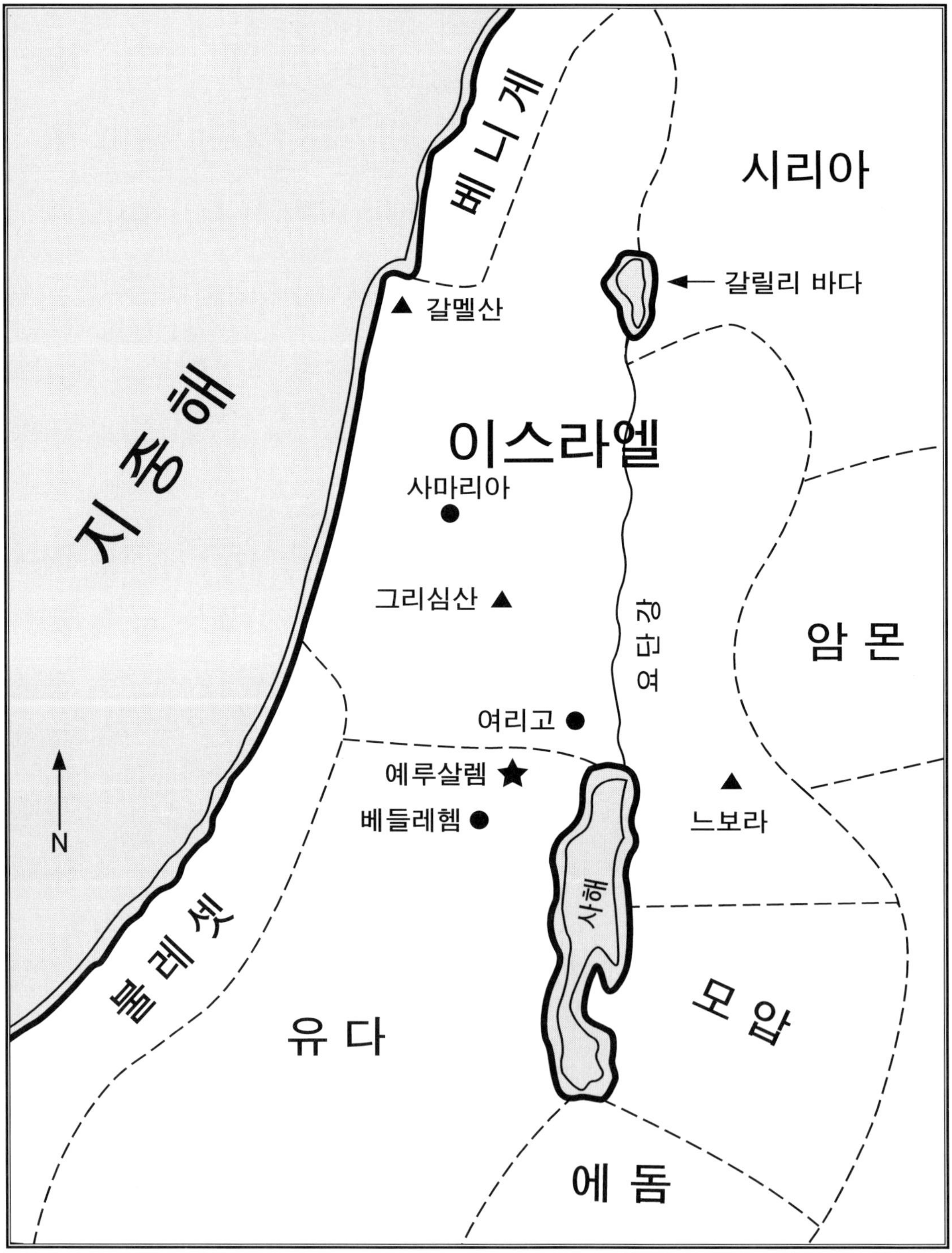

베니게
시리아
갈릴리 바다
갈멜산
지중해
이스라엘
사마리아
그리심산
요단강
암 몬
여리고
예루살렘
베들레헴
느보라
N
사해
블레셋
유 다
모 압
에 돔

제13주 열왕기하, 역대상과 역대하

(1) 열왕기하

열왕기 상하는 각각 그 내용으로 인해 그와 같이 이름이 지어졌습니다. 이 두권의 책은 솔로몬의 통치와 그 후 이스라엘과 유다의 계속되는 왕들을 기록하고 있습니다. 이 책들은 400년 가량의 기간을 망라하고 있으며 이 두 왕국의 성장과 몰락에 대하여 말해주고 있습니다. 우리는 이미 열왕기상을 공부했는데 그것은 왕국이 분열되고 약해진 것을 기록하고 있습니다. 열왕기하에서 우리는 이스라엘과 유다가 모두 포로로 끌려가는 것을 볼 것입니다.

열왕기하의 간략한 개요 :

Ⅰ. 엘리야와 엘리사의 사역 (1 - 8장)

Ⅱ. 예후로부터 이스라엘의 멸망까지 (9 - 17장)

Ⅲ. 유다의 멸망 (18 - 25장)

****

Ⅰ. 엘리야와 엘리사의 사역 (1 - 8장)

이스라엘 역사의 죄악으로 가득했던 기간 중 하나님은 그의 말씀을 선포할 사람들을 일으키셨습니다. 이 사람들은 선지자라고 불리웠습니다. 엘리야는 선지자로서 그의 후계자로 엘리사를 훈련시켰습니다. 엘리야와 엘리사의 마지막 만남의 사건은 열왕기

엘리야와 엘리사의 세대교체 - 엘리야는 하늘로 승천하는 모습을 그 후계자 엘리사가 추앙하며 바라보는 모습이다.(열왕기하 2장)

하에서 찾아볼 수 있습니다. 이 두 선지자들은 요단강가에 서 있었습니다. 그 뒤에는 선지자의 생도들이 있었습니다. 갑자기 엘리야가 그의 겉옷을 취하여 말아 그것으로 물을 쳤습니다. 어떤 일이 일어났습니까?<2:8>

강을 건넌 후 엘리야는 그가 취(取)하여 감을 받기 전 엘리사에게 어떻게 할 것을 구하라고 묻습니다. 엘리사는 그가 스승의 사역을 효과적으로 수행해나가기 위하여 엘리야의 영감의 갑절을 요구했습니다. 그리고 나서 그들이 함께 걸으며 이야기 할 때 갑자기 무슨 일이 일어났습니까? <2:11>

엘리사의 사역은 50년간 계속 되었습니다. 그는 그의 시대의 왕들 위에 막대한 영향력을 행사했으며 비록 그가 왕들이 하는 것들을 인정하지 않았음에도 불구하고 그는 계속하여 그들을 위기에서 구출해 주었습니다. 아마도 엘리사의 이야기 가운데 가장 유명한 것은 나아만 장군의 문둥병을 치료한 사건일 것입니다<5장>.

Ⅱ. 예후로부터 이스라엘의 멸망까지 (9 - 17장)

하나님을 경외하는 이스라엘 백성들과 아합 왕조 사이에 갈등은 갈멜산상의 대결이 있은 후로부터 솟아 오르기 시작하였습니다<왕상 18장>. 그 당시 이스라엘 왕은 아합의 손자인 요람이었습니다. 요람 왕이 전쟁터에서 얻은 상처로부터 회복하는 동안 엘리사는 그의 선지자 생도 중의 하나에게 무엇을 하도록 지시했습니까? <왕하 9:1-3>

왕으로 기름부음 받은 직후 예후는 요람이 회복하고 있는 이스라엘을 향해 떠났습니다. 거기서 그는 요람을 죽이고 요람의 조부 아합이 나봇으로부터 빼앗았던 바로 그 땅에 그 시체를 던지도록 명하였습니다<왕상 21장>. 예후는 사마리아에 남아 있는 아합의 모든 후손들을 전멸시켜야 했습니다. 그 후손이 합법적으로 왕좌를 요구할지도 모르기 때문에 그는 아합의 친족을 남겨두는 위험을 취할 수 없었던 것입니다.

그의 다음 행동은 이스라엘에 바알 숭배를 끌어 들인 아합의 아내 이세벨을 제거하는 것이었습니다. 이세벨은 어떻게 죽임을 당했습니까? <9:30-37>

____

____

예후는 28년간 통치했습니다. 그의 증손자 여로보암 2세는 이스라엘이 멸망하기 전 능력있는 마지막 지도자였습니다. 여로보암 2세의 통치 기간 동안 솔로몬 사후에 잃었던 많은 영토를 다시 찾았으며 이스라엘과 유다는 함께 그들 역사의 마지막 정점에 이르게 되었습니다. 이 당시 웃시야가 유다의 왕이었습니다. 두 나라는 그 당시에 생존하는 어느 누구도 가져보지 못한 번영을 누렸습니다<10-14장>.

여로보암 2세가 죽은 후 12년 안에 이스라엘은 다섯 왕을 갖게 되었는데 그들 중 세명은 폭력으로 왕위를 얻었습니다. 이스라엘의 나머지 역사는 혼돈 그 자체였습니다<15-16장>.

호세아는 이스라엘의 마지막 왕이었습니다. 그는 9년을 통치했으며<17:1> 앗수르에 조공을 바치기를 거부했습니다. 이 조공을 바치는 것은 호세아의 선임 왕이었던 므나헴의 통치 때에 시작되었던 것이었습니다. 호세아는 애굽이 전혀 도울 수 없는 위치에

■ 열왕기하

1. 기록자 : 누가 기록했는지 알 수 없다. (예레미야가 기록했을 가능성이 있다)
2. 기록연대 : B.C. 640~550년 사이 (이 책은 전해내려 오던 자료들을 모아서 편집한 것이다)
3. 기록장소 : 기록 장소는 어디인지 모른다.(아마도 유다와 이집트에서 기록했을 것이다)
4. 기록대상 : 이스라엘 백성
5. 핵심어 및 내용 : 열왕기하의 핵심어는 "심판", "포로생활"이다. 열왕기하의 일반적인 흐름은 특별히 하나님 및 그 분과 맺은 언약과 관련하여 각 왕의 삶을 평가하고 심판한다.

있을 때 애굽에 도움을 요청했습니다. 그 결과로 어떠한 일이 발생했습니까? <왕하 17:5-18>

이 이스라엘의 북왕국은 시작부터 이스라엘의 "잃어버린 열 지파"로 알려지고 있습니다. 그들은 타 민족과의 혼합 결혼을 했으며 그러므로 인해 신약에서 "사라리아인"이라 불리우는 혼혈인들이 되어진 것입니다.

왜 하나님은 이스라엘에 이러한 일이 일어나도록 허락 하셨습니까?<왕하 17:7-9>

Ⅲ. 유다의 멸망 (18 - 25장)

유다(남왕국)는 북왕국이 멸망된 뒤에도 1세기 후까지 더 존재하였으나 그들은 그 기간의 대부분을 앗수르에 조공을 바쳤습니다. 종반기에 유다가 가진 단 두명의 선한 왕은 히스기야와 요시야 뿐이었습니다.

히스기야 왕은 유다를 종교적으로, 그리고 또한 정치적으로 복구하기 위하여 애썼습니다. 선지자 이사야도 역시 신앙의 개혁에 활동적이었습니다. 예루살렘을 강화시키기 위해 히스기야는 단단한 바위를 뚫고 굴을 파서 물을 성 안으로 끌어 들였습니다. 앗수르가 베니게와 애굽을 정복했을 때 그들은 유다로 방향을 돌려 46개 도시들을 정복했습니다. 그들은 예루살렘을 빼앗으려 했으나 히스기야는 계속 버티며 그 도시를 내어주지 않았습니다. 하나님께서 어떻게 간섭하셨습니까?<19:32-36>

유다의 마지막 선한 왕은 요시야였습니다. 그가 나라를 다스리기 시작했을 때 그는 몇 살이었습니까?<22:1>

요시야는 의문의 여지 없이 유다의 가장 훌륭한 왕이었으며 종교적 개혁을 수행해 나갔습니다<왕하 23:25, 대하 34-35장>. 성전을 수리하는 동안 율법책이 발견되었고 그것을 백성들에게 공공연히 읽은 것이 유다에 회복을 가져오게 하였습니다<대하 34:30-33>. 열왕기하 23:21-23에서 요시야는 이 부흥기간 동안 어떠한 중요한 절기가 다시 복귀될 것을 명하였습니까?

(이 절기를 복습하기 위해 40면의 도표를 보십시오)

앗수르의 수도 니느웨는 기원전 612년 바벨론에 멸망 당했습니다. 애굽은 앗수르의 남은 자들을 돕기 위해 북으로 갔습니다. 요시야 왕은 그들이 이스라엘 영토를 통과하여 진군하는 것을 거부하다가 므깃도 전쟁에서 죽임을 당하였습니다<왕하 23:29>.

유다는 애굽과 바벨론의 두 초강대국 사이에 끼게 되었습니다. 그들은 그들에게 유익한 것을 따라 두 나라를 의지하기 시작했으며 여호와의 인도하심을 거의 구하지 않았습니다. 마지막으로 기원전 606년에 느부갓네살이 유다를 침략했습니다. 유다가 몇 차례 독립을 얻고자 시도한 후 바벨론은 유다를 완전히 멸하기로 작정하고 그렇게 하고 말았습니다. 주요 지도자들은 죽임을 당하고 수확을 거두기 위해 유다에 남겨진 아주 가난한 사람들을 제외하고는 모두 포로로 잡혀갔습니다. 성전은 불타고 모든 기구들은 바벨론으로 빼앗겼습니다<왕하 24-25장>.

우리가 에스라와 느헤미야에서 볼 수 있듯이 남왕국은 그 멸망의 결과에 있어서 북왕국 멸망의 결과와 커다란 차이가 있습니다.

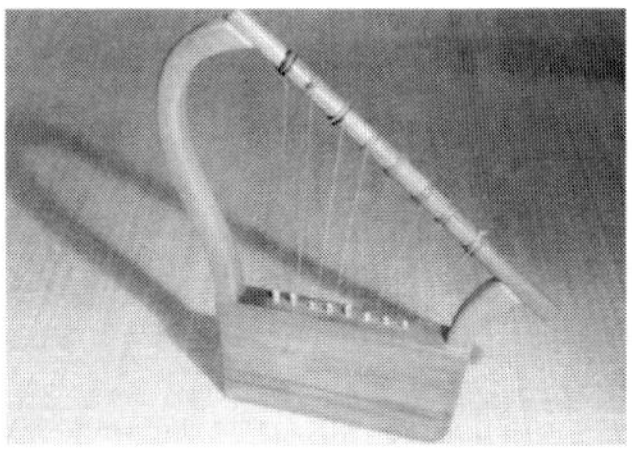

역대기 시대 악기 킨노르(Kinnor)
수금으로 불리는 악기로서 하프와 비슷하게 생겼다. 성전과 잔치에서 사용되었다. 현의 수와 pick의 사용여부는 알수 없다. 다윗이 사울을 치료할때에 사용되었다. (역대상15:16 역대하5:12)

(2) 역대상과 역대하

히브리 성경에서 역대 상하는 그 시대의 사건들이라고 불리워집니다. 그것은 연대기로써 아담의 시대로부터 느헤미야까지의 사건들을 순서적으로 배열하고 있으며 이스라엘의 주요 혈통과 바벨론 포로까지의 남왕국의 주요 사건들을 우리에게 말씀해 주고 있습니다. 두 권의 책은 종족의 순결성과 제사장직 그리고 예배를 보존하고자 하는 그들의 목표 때문에 혈통으로 가득차 있습니다. 이 책들은 오로지 유다와 예루살렘만을 거의 전적으로 다루고 있는데 왜냐하면 그 왕국과 도시가 바로 성전이 세워진 장소이기 때문입니다.

역대 상하는 사무엘 상하와 열왕기 상하에서 기록된 것과 같은 내용을 다루고 있기 때문에 그것들에 깊이 주의를 주지는 않겠습니다. 그러나 여기에 기록된 것 중 다른 책들에서 언급되지 않은 것 한 가지를 지적할 필요가 있습니다. 요단 동편에 머물기를 작정한 르우벤과 갓과 므낫세 반 지파들에게는 어떠한 일이 일어났습니까? <대상5:25-26>

(더 자세한 내용을 위해 민수기32:20-23을 참조하십시오)

98면의 지도를 보고 다음에 대답하십시오 :

앗수르와 바벨론 제국 남동쪽 사이에 어떤 유명한 '만' 이 경계를 이루고 있습니까?

두 제국의 가운데로 어떤 강이 흐르고 있습니까?

앗수르의 수도는 어디였습니까? ____________________

바벨론의 수도는 어디였습니까? ____________________

■ **역대기 상하**

1. 기록자 : 누가 기록했는지 알 수 없다.
(에스라가 기록했을 가능성이 있다)

2. 기록연대 : B.C. 450~400년 사이
(이 책은 전해 내려오던 자료들을 모아서 편집한 것이다)

3. 기록장소 :
기록 장소는 어디인지 모른다.(예루살렘에서 기록했을 가능성이 있다)

4. 기록대상 :
바벨론 포로생활에서 돌아온 유다의 남은 자들을 위해서 기록했다.

5. 핵심어 및 내용 :
1) 역대상의 핵심어는 "왕가의 계보"와 "헌신"등이다. 역대상은 결국 예수 그리스도의 절대왕권에 이르게 되는 다윗 왕가의 계보를 특별히 자세하게 설명한다. 다윗의 일생은 철저히 하나님께 헌신된 삶으로 묘사된다. 그는 하나님과 깊은 교제를 했으며 언약궤를 예루살렘으로 다시 가져왔고 하나님을 위하여 여호와의 성전을 건축하려 했다.
2) 역대하의 핵심어는 "성전"과 "개혁"이다. 하나님의 성전은 계속해서 강조되고 있다. 성전이 건축되고 봉헌되었으며 레위인들이 성전에서 봉사하고 예배를 드렸다. 그러나 이방인의 침략으로 성전은 파괴되었다. 하지만 고레스의 칙령에 의하여 성전 재건이 시작되었다. 또한 아사왕, 여호사밧왕, 요아스왕, 히스기야왕, 요시아왕등은 타락했던 유다 왕국을 개혁하는 운동을 일으켰다.

앗수르 제국(주전 7세기)
바벨론 제국(주전 6세기)

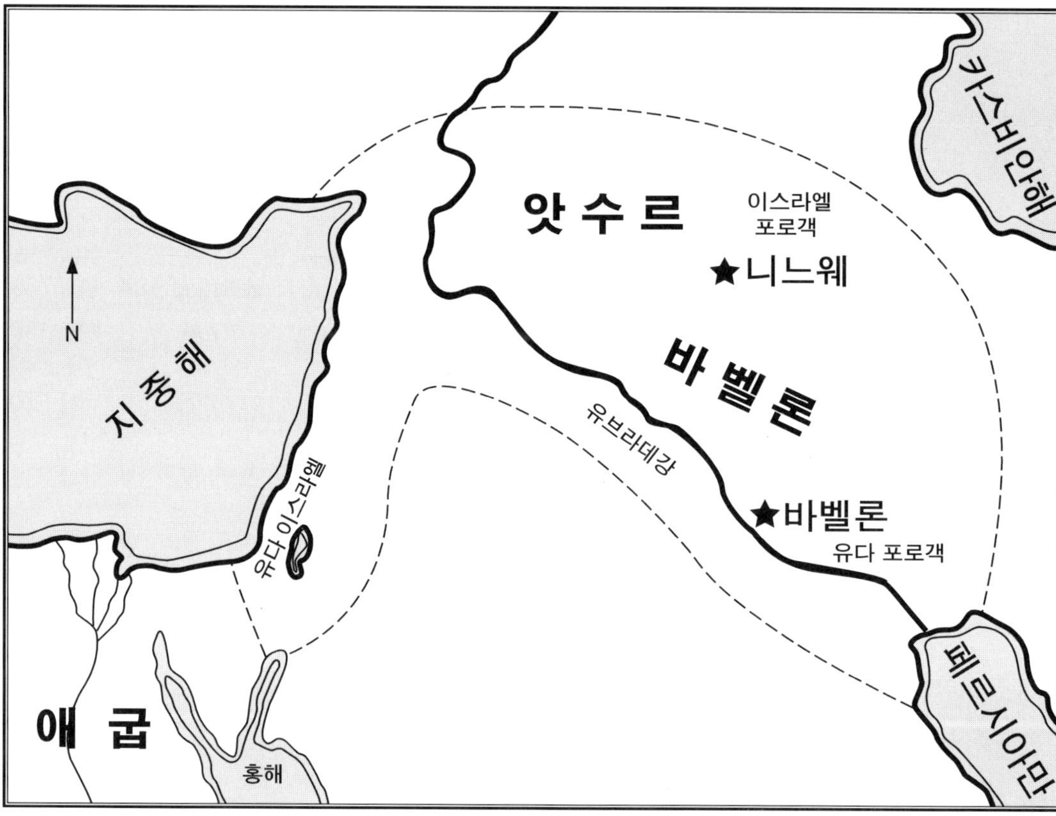

제14주 에스라와 느헤미야

에스라, 느헤미야와 에스더는 구약 역사의 마지막 세기를 장식하고 있습니다. 에스라서와 느헤미야서는 잔류자들의 예루살렘으로의 귀환과 도서의 재건에 관해서 말씀해 주고 있습니다. 예루살렘이 멸망된지 약 50년 후에 유대인들은 바사의 지배 아래 들어왔습니다. 바사인들은 그들의 주인이었던 바벨로인들을 정복했습니다. 그렇게 함으로써 그들은 유대인들을 포함하여 바벨론에 종속된 모든 것들을 취하였습니다. 기원 전 538년에 고레스 왕은 그의 지배 하에 있는 모든 포로가 된 백성은 자기의 본국으로 돌아갈 것을 허락하며 격려하는 법령을 공포하였습니다.

에스라서와 느헤미야서는 본국과 도시로 돌아가서 성전과 성벽을 재건하는 사건을 기술하고 있습니다. 구약에서 그 다음 책인 에스더서는 포로의 땅에 남아 있던 몇 인물들에 관하여 기술하고 있습니다.

(1) 에스라

에스라는 두 가지 사역을 하고 있습니다. 에스라 7:6과 11절에 의하면 그의 두 역할은 무엇이었습니까?

1. ______________________________

2. ______________________________

에스라의 이름은 "도움"을 의미합니다. 그는 유대인들의 첫 번 무리를 예루살렘으로 인도하지 않았습니다. 그것은 스룹바벨과 여호수아에 의하여 이루어졌습니다. 에스라는 7장에 등장하는데 그는 본국으로 두 번째의 작은 무리를 인도하여 왔습니다. 그는 거기에 남아서 일했으며 그 후에 주의 사역을 완수하기 위하여 느헤미야와 합하였습니다<느 8:9>.

에스라서는 오직 남 왕국의 귀환에 대하여 다루고 있습니다. 북 왕국 사람들은 몇 가지 이유로 인해 앗수르의 포로에서부터 결코 돌아오지 못했습니다. 그들은 왕조를 이을 생존자를 갖지 못했고 그들의 종교를 보존할 영적인 지도력을 갖지 못했으며 혼합 결혼으로 인해 인종적인 순결을 잃었습니다. 그러므로 북 왕국의 10지파는 고대 중동의 주민들 속으로 동화되어 버려 잃어버린 인종이 되고 말았습니다.

기둥에 새겨진 다리우스와 크세르크세스
페르시아 왕 다리우스와 뒤에 서있는 그의 후계자 크세르크세스가 페르세폴리스(Persepolis)궁전의 문기둥에 표현되어 있다. 기둥 상단에는 제국의 신 Ahuramazda의 날개달린 상징이 있다. 구약성경에서는 바사의 왕 다리오로 나오며, 그는 예루살렘성전의 재건을 방해하지말고 진척시키도록 하라는 율령을 내렸다. (에스라 6:6-12)

유다라고 불리우는 남 왕국의 운명은 전혀 달랐습니다. 그들은 그들의 예배를 보존할 수 있었으며 그들의 윤리와 종교의 순결을 지킬 수 있었습니다. 그들은 또한 그들과 함께 포로로 잡혀갔던 다윗의 후손을 보유하고 있었으며 그것은 다윗의 왕권의 회복을 위한 소망이 있음을 의미하는 것입니다. 그 위에 또 그들은 율법을 보존하고 가르칠 서기관들과 제사장들을 보유하고 있었습니다.

에스라의 간략한 개요 :

Ⅰ. 스룹바벨 하에서의 복구 (1 - 6장)

Ⅱ. 에스라 하에서의 복구 (7 - 10장)

****

Ⅰ. 스룹바벨 하에서의 복구 (1 - 6장)

이 책의 처음에 주님은 고레스 왕의 마음에 무엇을 하도록 감동

하셨습니까?<1:1-4>

고레스의 첫 번째 소집에 단지 약 50,000명의 유대인들만이 여호야긴 왕의 손자이며 다윗 왕의 후손이었던 스룹바벨으 지도하에서 예루살렘으로 돌아올 기회를 이용하였습니다. 스룹바벨은 유다 왕위의 계승자였으며<대상 3:17-19> 주 예수의 족보에 올라가 있었습니다<마 1:12-13>. 이 때로부터 이스라엘 사람들은 유대인들이라고 불리워졌는데 왜냐하면 잔류자의 대부분이 유다 지파로부터 왔기 때문입니다.

고레스는 세스바살에게 무엇을 주어 본국으로 돌아가게 하였습니까? <1:5-11>

남 왕국이 포로로 잡히던 때인 70년 전 당시에는 단지 상류층 사람들만이 바벨론으로 이동해 갔습니다. 남아 있던 사람들은 유다에 남아서 땅을 경작했습니다. 이 상류층 유대인들이 예루살렘으로 돌아갈 수 있다고 고레스가 칙령을 내리자 단지 성실하고 충성된 유대인들만이 가기를 원했습니다. 수많은 망명한 유대인들은 집들을 짓고 바벨론과 관계를 맺고 살아가고 있었습니다. 그들은 그 줄은 끊기를 원치 않았으며 사막을 횡단하는 어려움과 또한 예루살렘 도시를 재건하는 어려움을 직면하기도 원치 않았습니다.

잔류자의 지도자들은 유다 지파였음에도 불구하고 어떤 이스라엘 사람들은 다른 지파로부터 왔지만 그들은 그들 지파의 신분을 다시는 갖지 않게 되었습니다. 유대인들은 약 800마일의 여행 후 예루살렘에 도착했을 때 그들은 무엇을 하였습니까? <스 3:1-5>

■ **에스라서**

1. 기록자 :
   아마도 에스라가 기록했을 것이다.
2. 기록연대 :
   B.C. 457~444년 사이
3. 기록장소 : 예루살렘
4. 기록대상 : 이스라엘 백성
5. 핵심어 및 내용 :
   에스라의 핵심어는 "귀환"과 "재헌신"이다. 이스라엘 백성은 포로생활에서 그들의 하나님을 섬기기 위해 그들의 땅으로 돌아왔다. 이제 그들은 이전에 다 잃어버렸던 성전, 제단, 하나님과 그분의 말씀에 대한 신앙을 다시 세우고 회복하기 위하여 스스로 재헌신을 해야만 했다.

그리고 나서 그들은 새 성전을 위한 기초를 놓기 시작했습니다. 나중에 사마리아인들로 알려진 에살하돈들은 지도자들에게 나아와 성전 재건을 도울 것을 제안했습니다. 이 제안에 대한 유대 지도자들의 반응은 어떠했으며 또한 사마리아인들은 앙갚음을 하기 위하여 무엇을 하였습니까? <4:1-5>

사마리아인들의 반대는 성전 재거하는 일을 15년간 중단시키는데 성공했습니다. 이 때문에 하나님은 백성들을 격려하기 위하여 어떤 두 선지자를 세우셨습니까? <5:1-2>

______________ 와 ______________

선지자들의 격려로 성전은 4년 안에 완성되어 봉헌 되었습니다. 성전을 재건하는데 모두 20년이 걸렸지만 그리고 나서 백성들은 유월절을 기념할 수 있었습니다<6:16-21>.

성경은 성전 봉헌부터 에스라의 도착까지 약 60년간 침묵기간을 갖습니다. 이 기간 동안의 사건의 유일한 기록은 에스더서이며 그것은 바사에서 일어난 것입니다.

Ⅱ. 에스라 하에서의 복구 (7 - 10장)

에스라는 이미 거기에 가 있는 유대인들을 강화시키기 위하여 바사로부터 예루살렘까지 다른 무리의 유대인들을 이끌고 갔습니다. 그의 주요 사역은 율법을 가르치는 것과 여호와께 드리는 조직적인 예배를 복구하는 것이었습니다.

전설에 의하면 에스라는 회당의 창시자이며 그것은 포로시절 세워진 것이라고 전해집니다. 구약의 정경을 형성한 것도 역시 에스라였습니다.

에스라서에서 이스라엘 사람들은 왕정 기간 동안 국가의 몰락의 주요한 요소가 되었던 행위를 계속하였습니다. 이 행위는 무엇이었으며 에스라는 그것에 대해 어떻게 하였습니까? <10:10-17>

(주 : 유대인들은 여호와를 예배하는 이방인들과 결혼하는 것은 금지되지 않았습니다. 라합과 룻이 그 예입니다.)

(2) 느헤미야

성전은 재건되었고 예배는 다시 제정되었으나 예루살렘 성벽은 아직도 파괴된 채 남아 있었습니다. 이 성벽은 도시가 생존하기 위해서는 반드시 재건되어야 하는 것이었습니다. 그러므로 하나님은 이 일을 위해서 느헤미야를 세우셨습니다.

느헤미야의 간략한 개요 :

Ⅰ. 성벽의 재건 (1 - 7장)

Ⅱ. 백성들의 부흥 (8 - 13장)

****

Ⅰ. 성벽의 재건 (1 - 7장)

느헤미야는 바사 왕 아닥사스다의 술관원이라는 신임받는 지위에 오르게 되었습니다. 그의 임무는 독이 든 것을 점검하기 위하

■ 느헤미야서

1. 기록자 :
아마도 느헤미야가 기록했을 것이다. (그러나 어떤 학자들은 에스라가 느헤미야서의 대부분을 기록하고 그 나머지를 느헤미야가 자신의 회고록을 사용해서 기록하였다고 주장한다)
2. 기록연대 :
B.C. 445~420년 사이
3. 기록장소 :
아마도 예루살렘에서 기록했을 것이다.
4. 기록대상 : 이스라엘 백성
5. 핵심어 및 내용 :
느헤미야의 핵심어는 "목표", "재건"이다. 우리 모두는 하나님을 중심으로 하고 인생의 비젼을 반영하며 실제적으로 실천 할 수 있는 목표를 가지고 있어야 한다. 느헤미야는 이러한 목표를 가지고 있었는데 그것은 예루살렘 성벽을 재건하는 일이었다. 완전한 성벽 재건이야 말로 그에게 있어서 가장 큰 기쁨이었다.

느헤미야

느헤미야의 영적 리더십으로 백성들의 회개기도를 이끌어냈다(느헤미야 9장)

여 왕의 술을 맛보는 것이었습니다. 느헤미야가 예루살렘에 있는 그의 백성들의 슬픈 상황을 들었을 때 그는 심히 고민하게 되었습니다. 4개월 간을 그는 그들을 위하여 슬퍼하며 기도하였습니다. 왕이 느헤미야의 근심을 알아챘을 때 그는 어떻게 하였습니까? <느 2:2-8>

느헤미야는 성벽을 건축하라는 바사 왕의 권세를 가지고 예루살렘으로 갔습니다. 그러므로 도시의 총독으로 활약하면서 그는 각 가족들에게 성의 몫을 지정해 줌으로써 재건 사역을 조직화 했습니다. 느헤미야의 지도력 아래 스룹바벨의 귀한 이후 약 100년간을 황폐한 채로 남아 있던 성벽은 52일만에 재건되었습니다 <6:15>.

Ⅱ. 백성들의 부흥 (8 - 13장)

성벽이 완성되었을 때 에스라는 성벽을 봉헌하는 일과 백성을 성결케 하는 일에 있어 느헤미야를 돕기 위해 예루살렘으로 돌아왔습니다. 에스라는 나무로 만든 강단에 서서 백성들에게 율법을 낭독하였습니다<8:1-12>. 하나님 말씀의 낭독은 부흥의 불꽃을 일으켰습니다. 어떠한 절기가 재 실시 되었습니까?<8:13-17>

(복습을 위해 40면을 보십시오)

에스라와 느헤미야의 업적과 믿음은 대단히 중요한 것이었습니다. 에스라의 가르침과 느헤미야의 지도력이 없었더라면 유대인의 종교와 사회는 아마도 생존할 수 없었을 것입니다.

느헤미야서의 끝부분에서 유대인들은 그들 자신의 땅에 살았지만 아직도 바사의 지배 아래 있었습니다. 신약에서의 그리스도의 탄생까지는 유대인들에 관한 더 이상의 기록은 성경에서 찾아볼 수 없습니다.

제15주 에스더

에스더서 두루마리 유물
(Esther Scroll)
이스라엘 비잔틴시대 이후 (1700-1800) 것으로 추정되며 지류는 양피지로서 가로4610mm, 세로237mm로 발견되었다.

이 책 안에서의 사건들은 에스라 6장과 7장 사이에 일어난 것입니다. 이 책은 그 이름이 "별"을 의미하는 주인공 에스더를 따라 이름지어졌습니다. 비록 이 책에서 하나님의 이름이 언급되어 있지는 않지만 그분의 임재는 절절마다 보여지고 있습니다. 어떤 이들은 이 책에서 하나님의 이름이 빠진 이유는 바사 검열관의 손을 통과하여야 했기 때문이라고 믿고 있습니다.

지난 과에서 우리는 에스라서와 느헤미야서를 공부했는데 그것은 예루살렘과 유다로 돌아온 "잔류거민"들에 관해 말씀해 주는 것입니다. 그러나 에스더서의 사건들은 포로된 땅인 바사에서 일어났습니다. 바사에 남아있던 유대인들의 수는 예루살렘에 돌아온 사람들의 수보다 훨씬 더 많았습니다.

에스더서는 어떻게 히브리 민족이 멸종의 위기에서 구출되었는가를 기록하고 있습니다. 하나님은 약속된 구속자가 이 땅에 오실 수 있도록 수세기 동안 그의 선택된 백성을 보호하는데 주의를 기울여 오셨습니다. 그러므로 그분은 어느 누구도 그들을 멸절하도록 허락하지 않으셨습니다. 재앙을 막기 위하여 하나님은 에스더를 사용하사 그의 백성을 구원하셨습니다.

에스더의 간략한 개요 :

Ⅰ. 에스더가 여왕이 되다 (1 - 2장)

Ⅱ. 하만의 흉계 (3 - 4장)

Ⅲ. 에스더의 중보기도 (5장)

Ⅳ. 이스라엘의 구출 (6 - 10장)

****

Ⅰ. 에스더가 여왕이 되다 (1 - 2장)

1장에서 아하수에로 왕의 왕궁의 아름다운 뜰에서 잔치가 베풀어 졌을 당시 와스디는 바사의 왕후였습니다.<1:5> 잔치의 7일째 되는 날 왕은 여흥거리가 떨어지자 그의 손님들을 즐겁게 하기 위하여 무엇을 하였습니까?<1:10-11>

____

____

와스디가 왕의 요청을 거절했을 때 왕은 수많은 그의 신복들과 친구들 앞에서 난처하게 되었습니다. 그는 진노하여 그의 박사들에게 어떻게 할 것을 물었습니다. 그들은 그에게 어떻게 하라고 말했으며 왜 그렇게 했을까요?<1:13-22>

____

____

시신(侍臣)들은 새 왕비를 뽑기 위하여 어떠한 계획을 생각해냈습니까?<2:2-4>

____

____

____

에스더는 그녀를 친딸같이 양육해온 그녀의 사촌 모르드개의 지

■ **에스더서**

1. 기록자 : 미상
2. 기록연대 : B.C. 485~435년 사이
3. 기록장소 : 미상
4. 기록대상 : 에스더서는 예루살렘으로 귀환하지 않고 페르시아에 남아 있는 유대인들을 위해서 기록되었다.
5. 핵심어 및 내용 : 에스더서의 핵심어는 "아름다움"과 "섭리"이다. 하나님께서는 에스더를 축복하사 아름다운 외모를 주셨다. 그러나 이런 아름다운 외모 때문에 하나님이 그녀를 사용하신 것이 아니라 그녀의 헌신된 마음 때문에 그녀를 통하여 하나님의 역사를 이루셨다. 이처럼 한 미천한 유대 여자가 그 당시 세계에서 가장 강력한 제국의 왕비가 된 것은 우연한 일이 아니다. 비록 에스더서 내에는 하나님이란 이름이 한 번도 나타나지 않지만 돌보시고 인도하시는 하나님의 섭리는 여기저기에서 나타난다.

에스더왕비의 모습

민족과 신앙을 위해 죽음을 불사하고 금식 기도 후에 왕께 진언을 하는 에스더왕비의 모습(에스더서 9장)

시에 따라 왕후 선발대회에 참여하였습니다.<2:15> 에스더는 매우 아름다운 처녀로서 와스디를 대신하여 왕후로 뽑히게 되었습니다.<2:16-18>

2장 21-23에서 모르드개는 어떤 훌륭한 일을 행하였습니까?

Ⅱ. 하만의 흉계 (3 - 4장)

이 두 장에서 우리는 하만이라고 이름하는 사람의 성공에 대해 읽습니다. 그는 바사의 수상에 대등하는 인물이 됩니다<3:1>. 이 신분은 그 땅에서 왕 다음으로 가장 높은 지위입니다. 그러나 하만의 성공은 축복보다는 재앙이 되고 맙니다.

하만은 큰 위치에 있는 작은 인물입니다. 그는 한 작은 유대인 모르드개가 그에게 절하지 않는다는 사실을 간과할 수 없었습니다.<3:5> 높은 지위와 위엄을 갖춘 사람은 이 한 가엾은 유대인의 무례함을 간과했어야 했으나 하만이 자존심이 상처를 받음으로 그는 복수를 합니다.

하만은 무엇을 하려고 시도합니까?<3:6>

하만은 왕에게 그의 왕국에 있는 모든 유대인들이 그에게 불충성한다고 설득을 시킵니다. 그는 왕을 위해 이 모든 불충성한 자들을 진멸 시킬 날짜를 정할 것과 만일 왕이 이 유대인들을 죽일 권한을 주면 그에게 뇌물을 바칠 것을 제안합니다.<3:9> 그러므로 왕은 정월 13일에 유대인들을 멸절할 것과 그들의 모든 소유를 몰수할 것을 명하는 조서에 서명을 합니다.<3:12-13>

모르드개는 그 상황이 얼마나 절박한 가를 에스더가 알 수 있도록 그녀에게 그 조서의 초본을 보냅니다. 그리고서 그는 '네가 왕

후의 위를 얻은 것이 이 때를 위함이 아닌지 누가 아는냐' 고 덧붙입니다.<4:14>

우리 모두는 이 질문을 고려해보아야 합니다: 왜 하나님께서 나를 이 시간 여기 이 장소에 놓아 두었을까요? 하나님은 우리가 자신은 누구이며 또한 우리는 어디에 있는가 하는 우리들 각자를 위한 특별한 목적을 갖고 계십니다.

Ⅲ. 에스더의 중보기도 (5장)

에스더는 하만과는 대조적으로 그녀의 높은 지위 때문에 잘못되지 않았습니다. 그녀는 바사의 왕후가 되었음에도 불구하고 그녀는 가엾은 유대인 모르드개를 잊어보지 않았습니다. 그녀는 대단한 용기를 가지고 해야할 것을 합니다.

에스더는 왕에게 접근하나 그녀의 진정한 요구를 즉시 드러내지 않았습니다. 대신 그녀는 왕과 악한 하만을 잔치에 초청합니다. 이 잔치 중 왕은 무엇인가가 에스더를 괴롭게 하고 있는 것을 알아채고 그녀에게 그것에 대해 묻습니다.<5:6> 그러나 에스더는 그녀의 요구를 다음날 말하겠다고 왕에게 지혜롭게 말합니다. 이 잔치의 첫 날 후에 하만은 그가 그러한 왕족의 잔치에 포함되었다는 자만심에 잔뜩 부풀어 집으로 갑니다.

하만은 집에 돌아와서 무엇을 합니까?<5:10-12>

____

____

____

하만은 그의 모든 지위, 돈, 왕의 총애를 갖고도 아직도 그 앞에 한 가지 가로막힌 것 때문에 행복하지 못합니다. 그 장벽은 무엇이며 그는 그것을 제거하기 위하여 어떻게 준비합니까?<5:13-14>

____

Ⅳ. 이스라엘의 구출 (6 - 10장)

잔치의 첫날 후에 왕은 잠이 오지 아니하므로 명하여 역대 일기를 가져다가 자기 앞에서 읽힙니다. 읽혀진 부분은 왕을 모해하려 하였던 자들을 모르드개가 고발함으로 잡아서 처형한 보고를 다루고 있습니다. 즉시로 왕은 그런 훌륭한 공헌에 대하여 모르드개에게 어떠한 보상이 베풀어 졌는가를 알기 원합니다. 이와 같은 시간에 하만은 뜰 안으로 걸어들어 오며 왕은 그에게 들어오도록 명합니다. 그리고서 그는 하만에게 왕이 존귀케 하기를 원하는 사람에게 어떻게 하여야 하겠냐고 묻습니다.<6:6> 그 자신의 마음의 교만과 이기심에서 하만은 그가 바로 왕이 존귀케 하기를 원하는 사람이라고 결론짓습니다.

6:7-9에서 그는 왕에게 무엇이라고 말했는지 읽어보십시오.

하만은 무엇을 하도록 강요 당했습니까?<6:10-11>

왕과 하만을 위한 에스더의 잔치 둘째날 그녀는 모르드개와 바사인의 모든 유대인들을 죽이려는 하만의 흉계를 드러낼 기회를 갖게 됩니다.<7:1-6>

에스더가 왕에게 하만이 그를 속여 조서를 만들게 하여 그 땅의 모든 유대인들을 진멸하도록 하고 또한 그녀 역시 죽임을 당하게 되었다는 것을 말할 때 그는 어떻게 하였습니까?<7:7-10> (또한 잠언11:8도 보십시오)

바사 왕의 조서는 변경될 수 없으므로 <8:8과 다니엘6:15> 유대인 학살에 대한 조서는 번복될 수 없었습니다. 그러므로 왕은 유대인들이 그를 자신을 방어하며 그들을 공격을 공격하는 사람은 누구든지 죽일 것을 허락한다는 다른 조서를 만듭니다.<8:11>

에스더서는 하만이 취했던 자리에 모르드개가 임명된 것과 <8:2,15> 부림절의 기원에 대한 서술로써 끝납니다.<9:20-27>

부림절은 유대인들에 의해 오늘날까지 지켜지고 있습니다. 그것은 유대인들이 바사인들에 의해 멸망당할 것에서부터 구원받은 것을 기념하고 있습니다. 그것은 유대 백성들을 위한 "감사절"입니다.

NOTE

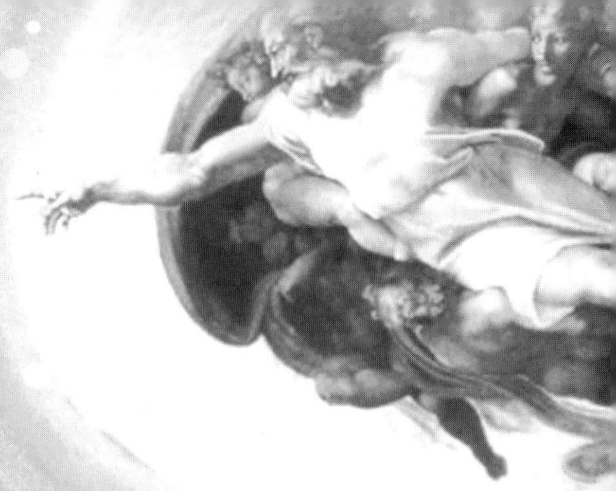

제 3 장

시가서와 지혜서

욥기, 시편, 잠언, 전도서, 아가서는 시가서와 지혜 문서에 속합니다. 이 다섯 권의 책은 모두 시문체로 기록되었지만, 욥기, 잠언, 전도서는 지혜 문학에 속하는 책들이죠.

시편에 있는 시는 찬양시, 감사시, 탄식시, 지혜시, 제왕시, 메시야 시, 시온의 노래 등으로 구분되는데 찬양시는 하나님의 성품(거룩, 인자, 영원, 위대함, 사랑 등)을 노래하는 시를 말하며, 감사시는 구체적인 고난 속에서 구원을 베푸신 하나님의 은혜를 찬송한 시를 말합니다. 그리고 탄식시는 전반적으로 고난 속에서 기도하며 하나님의 도우심을 확신하는 신앙고백의 시이며, 지혜시는 율법을 찬양하는 시이며, 제왕시는 왕의 등극을 축하하고, 메시야 시는 오실 메시야에 대해 예언하고 있으며, 시온의 노래는 예루살렘을 찬양하는 노래입니다. 시편은 "호흡 있는 자(살아있는 자)는 여호와 하나님을 찬양하라"는 선언으로 결론을 맺고 있습니다.(시 150:6)

지혜서는 "인간의 삶"이나 "존재에 대한 지혜로운 가르침"을 주요 내용으로 담고 있는 책입니다. 욥기는 인간이 당하는 고난의 문제의 의미에 대해 다루고 있으며, 잠언은 세상 속에서 하나님을 경외하는 삶이 어떤 것인지를 보여주고 있고, 전도서는 인생의 의미와 본분이 무엇인지에 대해서 설명하고 있습니다. 이들 지혜 문학은 어떤 고난이나 허무 속에서도, 어떠한 출세나 성공 속에서도 하나님을 경외하는 것이 지혜와 지식의 근본이라는 것을 강조하고 있습니다.

욥

무죄한 자의 고난을 상징하는 욥이 자신의 친구들로부터 자신이 시련으로 정죄당하고 질타받는 모습을 그린 작품이다.

제16주 욥 기

이제 우리는 역사서 공부를 마치고(여호수아부터 에스더까지) 시가서로 오게 되었습니다. 시가서에는 어떠한 것들이 있습니까?

1.____________________ 2.____________________

3.____________________ 4.____________________

5.____________________

욥기서는 몇 세대에 걸친 질문을 다루고 있는데 그것은 "왜 선한 사람이 고난을 당하는가?" 하는 것입니다. 아주 짧은 사이에 욥은 그의 부와 그의 소유와 그의 자녀들과 그의 건강을 모두 잃어버립니다. 사람들은 언제나 왜 선한 사람이 끔찍한 재앙이나 무서운 사고를 당하는지 의아하게 여겨 왔습니다. 이 책은 왜 일들이 그런 식으로 일어나는지 우리가 언제나 이해할 수는 없다는 것과 하나님께서 그것들을 설명할 의무는 없다는 것을 설명하고 있습니다.

욥은 가장 낙심되는 환경 속에서도 주님께 충성하였으므로 하나님은 욥의 고난을 인하여 존귀를 받으셨습니다. 모든 것이 우리가 원하는 대로 되는 한 -- 좋은 수입, 좋은 집, 건강한 가정-- 하나님께 충성하기는 쉽습니다. 그러나 인생의 비극 속에서 하나님께 충성하고 그분을 찬양하기란 그렇게 쉬운 것이 아닙니다. 욥의 연구는 우리에게 삶의 비극을 받아들이고 이해하도록 도와줄 것입니다.

욥기의 간략한 개요 :

Ⅰ. 욥의 시험 (1 - 3장)

Ⅱ. 욥과 그의 친구들의 충고 (4 - 37장)

Ⅲ. 욥의 구원 (38 - 42장)

****

Ⅰ. 욥의 시험 (1 - 3장)

욥은 큰 부와 영향력을 가진 사람이었습니다. 그의 선함과 성실함을 인해 분명히 잘 알려져 있었습니다.

욥에 대하여 사단이 했던 첫 번째 참소는 무엇이었습니까? <1:8-12>

___

___

___

하나님의 허락을 받은 후 사단은 원수들을 일으켜 욥의 소와 나귀와 약대를 빼앗아 갔습니다. 그의 양떼는 벼락을 맞아 죽었습니다.

그리고 나서 욥의 자녀들도 죽임을 당했습니다. 어떻게 죽었습니까?<1:18-19>

___

___

욥은 보기에 너무나 흉측하여서 그의 아내는 그것을 참을 수 없었습니다. 그래서 그녀는 그에게 하나님을 저주하고 죽으라고 했습니다.<2:9>

■ **욥기**

1. 기록자 : 누가 기록했는지 알 수 없다.
(욥, 엘리후, 모세, 솔로몬같은 사람이 기록했을 것이라고 주장하기도 한다)

2. 기록연대 :
학자들은 욥기가 기록된 연대를 아브라함 때부터 바벨론 포로 생활에서 유대인들이 돌아온 때 중 어느 시기라고 말한다.

3. 기록장소 :
기록 장소는 어디인지 모른다.
(아마도 팔레스타인 지역 중 어느 곳에 선가 기록했을 것이다)

4. 기록대상 :
어떤 특별한 백성들을 위해서 기록한 것이 아니라 모든 사람을 대상으로 기록했다.

5. 핵심어 및 내용 :
욥기의 핵심어는 "인내"와 "고통"과 "하나님의 절대 주권"등이다. 견디기 어려운 고통과 시련에도 불구하고 욥은 끝까지 하나님에 대한 신앙을 버리지 않고 지켰다. 오늘날의 기독교인들도 마음이 찢어지는 아픔과 고통을 똑같이 경험하고 있다. 우리 역시 욥처럼 그러한 시련들을 통해서 하나님은 공평한 분이고 전지전능하시며 절대 주권자이시라는 사실을 깨달아 그분만을 온전히 신뢰함으로써 참 평안과 안식을 누릴 수 있다.

3장에서 욥의 고난은 너무도 심해서 그가 태어나지 않았거나 낳자마자 죽었기를 바라는 것을 우리는 볼 수 있습니다. 경건한 사람이 죽기를 바라는 것은 드문 일이 아닙니다. 예를 들자면 신명기 11:10-15에서 모세는 하나님께 그의 생명을 거두어 가기를 구했고 열왕기상 19장에서 엘리야는 이세벨로부터 숨어있는 동안 죽기를 구했습니다.

왜란 말이 3장에서 적어도 5번 사용되고 있습니다. 욥은 왜 하나님께서 이 모든 일들이 그에게 일어나도록 하시는지 이해하지 못했습니다. 이 욥의 경험은 우리 모두가 언젠가는 직면할 그런 것입니다.

우리가 어찌할 바를 모르고 당황하게 될 때 우리는 로마서 8:28의 말씀을 기억해야 할 필요가 있습니다. 그것은 다음과 같이 말씀하고 있습니다:

____

____

____

우리가 하나님과 함께 동행하며 선한 그리스도인의 삶을 살려고 노력할 때 사단은 그 교제를 파괴하기 위하여 그의 능력 안에서 모든 것을 할 것입니다. 그것은 아마도 비극적인 모양이나 재정적인 파탄이나 혹은 질병이 되기도 할 것입니다. 그러나 그것들이 아무리 나빠 보일지라도 하나님은 모든 것을 위해 목적을 갖고 계시며 그분은 온전히 주장하고 계시는 것입니다.

Ⅱ. 욥과 그의 친구들의 충고 (4 - 37장)

욥기서의 이 부분에서는 여섯 명의 인물들이 나오고 있습니다.
--욥, 엘리바스, 빌닷, 소발, 엘리후 그리고 하나님

그들의 모든 대화의 중심 주제는: "왜 하나님께서 의로운 자가 고난당하는 것을 허락하시는가?" 하는 것입니다. 욥의 친구들은 그를 위로하기 위해 왔으나 대신에 그들은 그를 비판하였습니다. 그 첫째 친구인 엘리바스와 빌닷과 소발은 비록 다른 용어였지만 같은 대답을 갖고 있었습니다. 근본적으로 그들은 말하기를 "하나님은 의로운 자를 축복하시고 악한 자를 벌하신다"는 것이었습니다. 그러므로 욥은 고난을 당했음으로 그는 분명히 악한 자였다는 것입니다.

이 세 사람이 욥의 고난은 그의 죄 때문이라는 논쟁을 하고 있는 동안 네 번째 친구인 엘리후는 그 논쟁에 새로운 통찰력을 더해 주었습니다.

그는 무엇이라고 말했습니까?<33:9-20>

____

____

____

Ⅲ. 욥의 구원 (38 - 42장)

첫 세 친구들 각자가 말한 후에는 욥이 대답했습니다. 그러나 엘리후의 발언 후에는 누가 대답하기 위해 개입하셨습니까?<38:1>

____

욥은 하나님께서 그에게 말씀하시기를 감히 요구했고 38장의 시작에 하나님은 폭풍 가운데로서 욥에게 말씀하셨습니다. 그분은 욥에게 하나님께서 이 세상과 별들과 빛 등을 창조하셨을 때 그가 어디에 있었는가에 대해 일련의 간단한 질문들을 하셨습니다. 그분은 욥에게 사자나 들나귀나 타조나 독수리 같은 야생 동물에 관해 무엇을 아는지 물으셨습니다. 근본적으로 하나님은 욥에게 "너는 내가 일들을 어떻게 하는가를 그렇게 많이 앎으로 인해 내가 창조한 우주를 네가 운행할 수 있느냐?" 하는 것을 물으

셨던 것입니다.<40:1-2>

40-41장에서 하나님은 욥에게 그가 하나님과 동등하다고 생각하고 있지는 않는지 그리고 그가 하나님의 공의로우심을 의문하고 있지는 않는지를 알라고 계속해서 물으셨습니다. 하나님은 욥에게 당신의 피조물 중 둘을 더 생각해 보라고 하셨습니다 : 그것은 40:15에 나오는 하마와 41:1에 나오는 악어입니다. 하나님은 이러한 짐승들을 다루기에 인간의 전적인 무능함을 주목해 놓으신 것입니다. 그렇다면 인간이 그것들을 만드신 하나님을 의문하는 것은 얼마나 어리석은 것일까요!

이 모든 것에 대한 욥의 반응은 어떠했습니까? <42:6>

욥기서는 고난의 문제에 대한 해답을 주고 있지는 않지만 그것은 하나님은 너무도 크시므로 어떠한 대답도 필요로 하고 있지 않다는 것을 선포하고 있습니다. 그리고 그것은 유한한 인간의 마음으로는 이해하기가 불가능 하기 때문인것입니다.

욥의 친구들을 꾸짖은 후 하나님은 욥의 소유를 회복시켜 주셨습니다. 하나님은 욥에게 얼마나 많이 주셨습니까? <42:10>

그 외에 하나님은 욥을 위해 무엇을 갑절로 더하셨습니까?
<욥 42:16, 시 90:10>

욥기에서 우리는 수많은 훌륭한 교훈들을 배울 수 있습니다. 그들 중 하나는 인간의 고통을 긍휼히 여기는데 있어 신학이 방해하

고 있다면 무엇인가 수정 되어져야 한다는 것입니다. 욥의 친구들은 마치 욥 그 자신에 있어서보다 그의 고난의 신학적인 면에 더욱 관심이 있는 것 같았습니다. 배워야 할 또 다른 진리는 하나님의 뜻 안에서 고통받는 모든 사람이 이 생애에서 다 보상을 받는 것은 아니라는 것입니다<벧전 3:17>.

그리고 마지막으로 이 책이 가르쳐 주는 것은 우리가 삶의 풍랑 속에서도 평강을 갖을 수 있는 것은 우리가 우리의 고난을 인해서 보상 받을 것을 기대하기 때문이 아니라 주님께서는 우리의 삶에 일어나는 모든 것에 대해 목적을 갖고 계시기 때문입니다.

제17주 시 편

시편의 주저자인 다윗이 자신의 찬양과 회개 감사를 읊는 것을 형상화 한 그림

시편은 히브리 민족의 국가적인 찬송가입니다. 그 모든 장들은 예배를 위한 음악에 맞추어져 있습니다. 이 시편들과 노래들은 인간이 전능하신 하나님과 개인적인 관계를 가질 수 있음을 강조하고 있습니다.

이 시편들은 커다란 기쁨과 행복으로부터 깊은 슬픔과 우울함까지의 범주에 걸쳐 인간의 감정을 표현하고 있습니다. 어떤 시편들은 죄를 회개하며 자백하는 자세를 나타냄으로써 그것이 새로운 소생과 하나님께 예배함으로 인도하고 있습니다. 이 장들은 인간의 모든 종류의 체험으로부터 유래하는 감정들을 내포하고 있습니다. 시편은 이미 수십 세기 이전에 일어났던 특별한 상황 속에서 씌어졌지만 이 책은 시대를 초월하여 모든 세대에 적용되는 것입니다.

히브리 시가서는 우리가 익숙한 시가서와는 아주 다릅니다. 그것은 대구법(對句法) 이라고 불리우는 착상의 반복에 의해서 대부분의 리듬을 완성하는데 그것은 다음의 세 형태 중 어떤 것을 취합니다.

- 유사법 – 한절의 후반부를 전반부와 똑같은 착상으로 그러나 다른 말을 사용하여 반복하는 것
- 대조법 – 두 번째 서술이 첫 번째 것과 대조를 이루는 것
- 합성법 – 사상이 두 번째 절이나 구절에 의해 보강되는 것

에스라의 시대 즈음부터 원래의 히브리어 시편은 다섯 책 혹은 다섯 부분으로 나누어졌습니다. 이 다섯 부분은 대부분의 현대판 번역 성경에는 포함되어 있지만 흠정역 성경(King James Version)에는 생략되어 있습니다. 각 5부분은 영광의 찬미로 끝납니다.

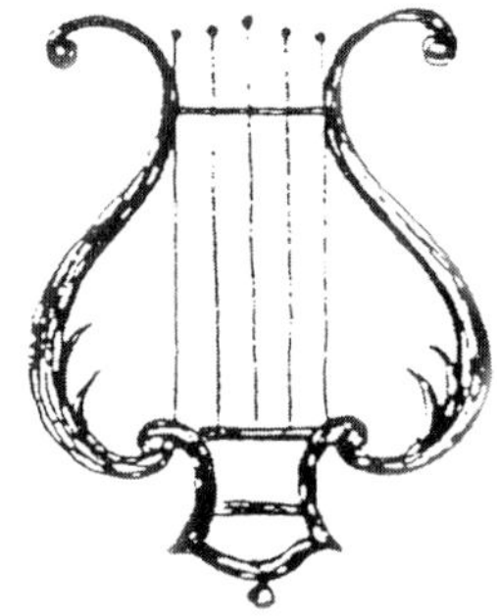

우리의 시편 연구에서 우리는 개요로 이 다섯 부분들을 사용할 것이며 각 부분에서 하나의 시편을 세밀히 검토할 것입니다.

시편의 간략한 개요 :

Ⅰ. 다윗의 시편 (1 - 41장)

Ⅱ. 이스라엘 국가에 관한 시편 (42 - 72장)

Ⅲ. 성소에 관한 시편 (73 - 89장)

Ⅳ. 그 외의 시편 (90 - 106장)

Ⅴ. 예배를 위한 시편 (107 - 150장)

****

Ⅰ. 다윗의 시편 (1 - 41장)

대부분의 사람들은 행복을 추구하는데 관심을 갖으며 그것은 독립 선언문에 언급된 양도할 수 없는 권리 중의 하나입니다. 현대의 광고는 우리에게 즐거움과 만족에 관해서 생각하도록 조건을 붙이는데 그것은 행복과 뗄 수 없는 관계에 있는 것입니다.

시편 1편에서 우리는 복있는 자에 대한 하나님의 묘사와 그에 반해서 악한 자에 대한 그분의 묘사를 발견합니다. 생존해 온 모

■ 시편

1. 기록자 :
대부분은 다윗이 기록하였다. 그러나 적어도 6명의 다른 기록자들이 있다. 즉, 모세, 솔로몬, 아삽, 에단, 헤만, 고라 자손 등이다. 몇몇의 시편은 누가 기록했는지 모른다.

2. 기록연대 : B.C. 1450~1430년 사이
(기록자들이 여러 명이기 때문에 기록 기간이 길어 졌다. 하지만 대부분의 시편들은 B.C. 1000년경에 기록되었다)

3. 기록장소 :
여러 사람이 기록했기 때문에 여러 곳에서 기록되었다.

4. 기록대상 : 이스라엘 백성

5. 핵심어 및 내용 :
시편의 핵심어는 "찬양"과 "신뢰"이다. 150편의 시편들은 하나님의 위대한 성품, 그분이 행하신 일들과 앞으로 행하실 일들에 대한 찬양을 주로 다루고 있다. 시편 기자들은 자기의 백성을 보호하시고 사랑하시며 구원하시는 하나님을 온전히 신뢰하라고 계속해서 명령하고 있다.

든 개인들은 이 두 범주 중 하나에 들어 맞는 것입니다.

1절에 의하면 경건하거나 복된 자가 하지 않는 것들은 무엇입니까?

1. ______________________________

2. ______________________________

3. ______________________________

반면에 복있는 자는 무엇을 합니까?<2절>

____

Ⅱ. 이스라엘 국가에 관한 시편 (42 - 72장)

시편 46편에서 고통을 겪고 있는 한 사람을 발견합니다. 이것이 마틴 루터로 하여금 그의 유명한 찬송 "내주는 강한 성이요"를 쓰도록 영감을 준 시편입니다. 수세기를 걸쳐 유명하고 또 무명한 수많은 다른 사람들이 이 시편을 통하여 말할 수 없는 힘을 얻어 왔습니다.

세 종류의 히브리 리듬 중(앞면에 정의된) 어떤 것이 1절에서 사용되었습니까?

____

2-5절에서는 어떤 종류가 사용되었습니까?

____

10절을 읽고 왜 우리가 고통의 때에 하나님의 임재하심을 알 수 있도록 하기위하여 내적인 고요함을 체험해야 하는지 설명하십시오.

____

____

Ⅲ. 성소에 관한 시편 (73 - 89장)

시편 73편은 번영하는 것 같아 보이는 악한 사람에 관해 다루고 있습니다. 그들이 그것을 어떻게 넘겨 버릴 수 있겠습니까? 왜 거짓말을 하고 속이고 훔치고 사람들을 뒤에서 해하는 자들이 번영하는 것 같을까요? 그러한 자들이 더욱 나은 삶을 사는 것을 볼 때 수많은 그리스도인들은 고뇌하게 됩니다. 하나님의 공의는 어디에 있습니까? 하나님은 어디에 계십니까? 이 시편은 이 문제를 다룹니다.

11-15절을 읽으시고 왜 우리가 때때로 악한 자에 관해서 올바른 시각을 잃어버리는지 설명하십시오.

___

___

17-19절을 읽으시고 어떻게 우리가 올바른 시각을 되찾을 수 있는지 알아 보십시오.

___

___

Ⅳ. 그 외의 시편 (90 - 106장)

시편 90편은 성경에서 가장 오래된 시편으로써 모세에 의해 씌어졌습니다. 아마도 이 시편에 영감을 불어 넣게 된 경우는 이스라엘 백성들이 약속의 땅의 경계에까지 왔으나 점령하여 취하기를 거부한 때였습니다. 그러므로 하나님은 모든 성인들이 다 죽을 때까지 그들이 광야를 방황할 것을 명하셨으며 그리고 나서 그는 그들의 자손들이 그 땅을 차지하도록 허락하셨습니다.

이 시편은 삶의 양이 중요한 것이 아니라 그 질이 중요하다는 것을 나타내 주고 있습니다.

이 시편의 처음 두 구절에서는 하나님에 대하여 어떤 두 가지 사실이 나타나있습니까?

1. ______________________________

2. ______________________________

10절에 의하면 보통 사람은 얼마나 오래 살 것을 기대할 수 있을까요?

____

12절의 의미는 무엇이라고 생각하십니까?

____

V. 예배를 위한 시편 (107 - 150장)

이 부분의 가장 유명한 시편은 119편입니다. 그것은 여러 면에서 특수합니다. 첫째로 그것은 성경에서 가장 긴 장입니다. 성경의 대부분의 번역판에서 이 장의 22부분이 히브리 알파벳 글자(알렙, 베트, 끼멜 등)에 의하여 필두에 적혀져 있습니다. 또한 모든 절에서 하나님이 언급되어 있으며 세절(84, 90, 132)을 제외한 모든 구절이 성경을 언급하고 있습니다. 더 나아가서 시편 119편 8절은 성경의 중간 절입니다.

행복을 위한 어떤 세 조건이 시편 119:1-3에 나열되어 있습니까?

1. ______________________________

2. ______________________________

3. ______________________________

시편 119:11은 무엇을 의미합니까?

____

____

다음의 용어들은 시편에서 여러번 나오고 있습니다. 성경 사전을 사용해서 이 단어들의 의미를 찾아보십시오.

아멘 ______________________________

송축 ______________________________

할렐루야 ______________________________

셀라 ______________________________

제18주 잠언, 전도서, 아가

(1) 잠 언

잠언서를 더 잘 이해하기 위해서 우리는 6면에서 공부한 책 이름을 짓는 원칙을 사용할 필요가 있습니다. 잠언은 영어로 Proverb 인데 이 말은 실제로 두 개의 라틴 단어의 복합어로써 – Pro는 "대신하여"를 의미하고 Verb는 "말들"을 의미하는 것입니다. 그러므로 잠언(Proverb)은 "많은 말들을 대신하여" 사용된 짧은 진술인 것입니다. 더 나아가서 잠언이란 말의 히브리어는 "비교"를 의미합니다. 그러므로 이 잠언들은 쉽게 기억되도록 극적인 장면들과 대조들로써 함축되어진 지혜의 말씀들입니다.

이 책은 우리들에게 경건은 실제적이라는 것을 가르쳐 주고 있습니다. 하나님께 대한 우리의 의무 그리고 우리의 부모, 자녀들, 이웃, 일에 대한 우리의 의무 뿐만 아니라 시민으로서의 의무 등 삶의 거의 모든 면이 언급되어지고 있습니다.

그의 지혜와 부로 유명한 솔로몬이 잠언서의 대부분을 썼습니다. 성경은 열왕기상 4:29에서 "하나님이 그에게 지혜와 총명을 심히 많이 주시고 또 넓은 마음을 주시되 바닷가의 모래같이 하셨다"고 말씀해 주고 있습니다.

31개의 잠언들이 있는데 이는 하루에 하나씩 한 달 분이 됩니다. 당신이 태어난 날짜의 숫자에 해당되는 장이 "당신의 잠언"이라고 불리어 질 수 있을 것입니다. 그것을 읽고 외우십시오. 그러면 당신의 영적인 삶이 깊어질 것입니다.

잠언서는 다음의 주제들에 관해서 무엇이라 말씀하고 있습니까?

지혜 <3:13-15> ____________________

____

한담 <11:13> ____________________

____

거짓말 <12:22> ____________________

____

술마심 <23:29-32> ____________________

____

____

간섭 <26:17> ____________________

____

자랑 <27:2> ____________________

____

아첨 <28:23; 29:5> ____________________

____

31장은 하나님의 말씀 중 가장 훌륭한 장들 중의 하나로 잠언서의 끝을 맺습니다. 때때로 "여인들의 권리의 장"이라고 불리우는 잠언 31장은 덕행이 있는 여인은 실제로 어떠한가를 서술하고 있습니다.

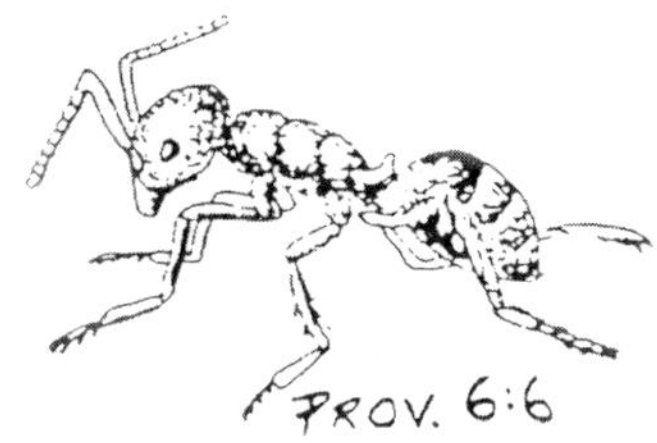

■ 잠언

1. 기록자 :
주로 솔로몬왕 자신이 직접 기록했지만 아굴, 르무엘왕, 그밖의 몇몇 사람들도 잠언을 기록하는데 큰 도움을 주었다.

2. 기록연대 :
B.C. 1000년에서 700년 사이에 기록되었다. 하지만 B.C. 931년경 솔로몬에 의하여 대부분의 잠언이 기록되었다.

3. 기록장소 :
아마도 유다에서 기록되었을 것이다.

4. 기록대상 :
주로 젊은이들과 "장로들의 학생들"을 위해서 기록되었다.

5. 핵심어 및 내용 :
잠언의 핵심어는 "지혜"와 "진리"이다. 잠언에서는 어떻게 하면 일상생활에서 의로운 삶을 살 수 있을지에 관하여 자세히 설명하고 있다. 이 지혜는 우리로 하여금 선과 악, 진리와 거짓, 하나님의 뜻과 인간의 생각을 분별할 수 있게 해준다. 또한 진리는 우리에게 인생의 올바른 길 곧 하나님 말씀대로 사는 길을 제시해 준다.

잠언서는 매일의 삶을 위한 안내로써 우리에게 대단히 귀중한 것입니다. 만일 우리가 이 책을 매일 한 장씩 매월 읽고 우리가 읽은 것을 실천에 옮겨 놓는다면 우리는 모두 훨씬 더 나은 사람들이 될 것입니다.

(2) 전 도 서

전도서라는 말은 문자적으로 "전도자"를 의미하는데 그것은 회중 사람들에게 말씀하고 있는 전도자의 개념을 언급하고 있습니다.

이 책의 저자도 역시 솔로몬입니다. 그는 그가 하나님과의 교제 밖에 있었던 기간 동안의 그의 체험과 마음상태를 기록하고 있습니다. 이 책에서 우리는 솔로몬이 하나님을 버리고 철학과 과학에서 만족을 찾는 것을 봅니다. 그는 삶의 모든 복잡성과 문제들을 보고 질문을 합니다: "삶은 정말로 살 가치가 있는가?" <1:1-3>

처음 몇 장에서 솔로몬은 사람이 삶을 살만한 가치가 있도록 만들기 위해 시도할 수 있는 많은 것들을 말합니다. 25번 이상이나 그는 '해 아래서'라는 문구를 사용하는데 그것은 단지 인간적인 관점에서 보는 세상을 가리키고 있는 것입니다.

1장에서 전도자는 그것이 삶을 살만한 가치가 있도록 해준다는 생각에서 무엇을 찾습니까?<1:13>

____

그는 그의 모든 지식으로부터 무엇을 얻었습니까?<1:18>

____

2장에서 전도자는 무엇을 찾습니까?<2:1-3>

____

그는 이러한 종류의 삶에 대해서 무엇을 발견합니까?<2:10-11>

3장의 처음 여덟 절은 아마도 전도서에서 가장 유명한 것일 것입니다. 이 부분에서 전도자는 삶의 모든 것을 위한 때가 있으며 하나님께서 그것을 그렇게 만드셨다는 것을 설명하고 있습니다.

6장에서 전도자는 부의 허무함에 대해 말씀하고 있으며 7장에서 그는 명성에 관하여 이야기 하고 있습니다. 8장은 이 책에서 전환점입니다. 전도자는 이 세상이 제공하는 모든 것을 들여다보며 그것이 모두가 허무함을 발견합니다. 그리고 나서 그는 하나님을 바라보고 만족을 얻습니다.

9장에서 그는 선인이든 악인이든 모든 사람의 운명에 관해서 말하고 있습니다. 그 운명은 죽음입니다. 그러나 거기엔 한가지 차이점이 있는데 --선인은 하나님의 손안에 있다는 것입니다.

10장과 11장은 지혜와 어리석음에 대한 잠언들을 모아놓은 것입니다.

12:7에 의하면 하나님의 자녀에게는 그가 죽을 때 어떤 일이 일어납니까?

솔모몬의 결론은 12:13에서 찾게 됩니다. 그것은 무엇입니까?

■ **전도서**

1. 기록자 :
   아마도 솔로몬이 기록했을 것이다.
2. 기록연대 :
   B.C. 940~935년 사이
3. 기록장소 : 예루살렘
4. 기록대상 :
   주로 젊은이들과 "장로들의 학생들"을 위하여 기록되었다.
5. 핵심어 및 내용 :
   전도서의 핵심어는 "헛되다"와 "야망"이다. 하나님이 함께 하시지 않는다면 우리들이 하는 모든 일들은 아무런 의미가 없다. 모든 것은 헛되고 공허하며 소망이 없다. 우리가 만약 이 세상에서 만족을 누리려는 것을 인생의 목적으로 삼는다면 우리는 계속해서 좌절하고 낙망할 수 밖에 없을 것이다.

(3) 아 가 서

'아가' 라는 제목은 "모든 노래들 중 가장 뛰어난 것"을 의미합니다. 솔로몬은 열왕기상 4:32에 의하면 1005개의 노래를 지었습니다. 이 책이 아가서로 불리어지는 것은 이 노래들의 가장 뛰어난 것이기 때문입니다.

이 책은 실제의 사랑의 이야기입니다. 그러나 이 아가서는 온갖 종류의 해석이 되어져 왔었습니다. 유대인들과 그리스도인들은 함께 이 책을 우화로 보고 있었습니다. 유대인들은 이 책을 이스라엘을 향한 하나님의 사랑의 상징으로써 보며 그리스도인들은 신부인 교회를 향한 그리스도의 사랑의 상징으로써 봅니다. 이 노래 자체로는 이 두 가지 개념이 맞다는 어떠한 확실성도 말해주기가 불가능 합니다.

어떤 이들은 이 노래를 세명의 주인공들 – 솔로몬, 소녀와 그녀의 연인인 목동 – 로 이루어진 극적인 사랑의 이야기로써 봅니다. 아직도 다른 이들은 이 노래가 유대인의 결혼 축제 기간 중 불리워지는 많은 노래들 중의 하나로 믿고 있습니다.

그 해석에 관계없이 이 노래는 인간의 사랑의 부드러움과 아름다움을 송축하고 있으며 그것은 분명히 하나님께서 인간들에게 그가 주신 계명 안에서 육적인 사랑을 즐기도록 인도하신다는 것을 가르쳐주고 있습니다.

■ 아가서

1. 기록자 :
   아마도 솔로몬이 기록했을 것이다.

2. 기록연대 :
   B.C. 965~960년 사이

3. 기록장소 : 예루살렘

4. 기록대상 : 솔로몬의 신부

5. 핵심어 및 내용 :

아가서의 핵심어는 "사랑"과 "결혼"이다. 아가서는 순수한 사랑의 특성들은 어떤 것이며 행복한 결혼생활에 필요한 요소들은 무엇인지를 아름답게 묘사하고 있다. 이런 종류의 깊은 관계를 더욱 발전시켜 나가기 위해서는 서로를 온전히 신뢰하고 상대방을 먼저 생각하며 무조건 섬겨야만 한다.

NOTE

제 4 장
선지서

선지서는 비교적 분량이 많은 대선지서와, 비교적 분량이 적은 소선지서로 구분된다. 대선지서에는 이사야, 예레미야(애가 포함), 에스겔, 다니엘이 있고, 소선지서에는 호세아, 요엘, 아모스, 오바댜, 요나, 미가, 나훔, 하박국, 스바냐, 학개, 스가랴, 말라기 등의 12권이 포함됩니다. 선지자는 두 부류로 구분하는데 선지자로 활동은 했지만 자기 이름으로 기록을 남기지 않은 사람들은 "초기 선지자"라고 부르며, 자신의 이름으로 기록을 남긴 사람들은 "후기 예언자", 또는 "문서 선지자"라고 부릅니다. 문서 선지자 중에서 아모스와 호세아만이 북 이스라엘에서 활동했고, 나머지는 모두 남 왕국 유다, 또는 바벨론 포로기와 그 이후에 활동했습니다.

엄밀하게 말해서 선지자들은 이스라엘에 왕정이 수립되면서 생겨났다고 볼 수 있습니다. 그들은 이스라엘이 왕정이 되면서 왕들이 하나님의 뜻을 따라 이스라엘을 통치할 수 있도록 하나님의 뜻을 대변하던 사람들이었습니다. 그러므로 그들은 주로 왕이 하나님의 법을 따라 나라를 다스릴 수 있도록 격려하고 비판하는 일을 담당했습니다. 따라서 그들은 지배 계층의 잘못과, 우상 숭배, 잘못된 예배 자세, 혼합 종교 현상, 언약의 법에 대한 불순종 등에 대해 강하게 책망했으며, 이러한 그릇된 행위에 대해 하나님의 심판이 있을 것을 예고했습니다. 그러나 그들은 하나님의 심판을 이야기하면서도 그 심판을 넘어서 그리스도 안에서 이루어질 구원을 예고했습니다.

이사야
미켈란젤로가 그린 '이사야'선지자의 모습

제19주 이 사 야

우리는 이제 구약의 마지막 부분인 선지서에 들어왔습니다. 우리가 막 상고했던 시가서는 이스라엘의 "황금기" 동안 씌어졌습니다. 우리가 이제 상고하려고 하는 선지서는 이스라엘 내의 배역과 어두움의 날들 동안 씌어진 것입니다.

신명기 18:15-22에서 모세는 하나님께서 그분의 메시지를 선포하시기 위해 선지자들을 일으켜 세우실 것이라고 기록했습니다. 그리고 - 하나님은 바로 그렇게 하셨습니다. 지난 과의 73면에서 당신은 전치사인 'Pro'의 내용을 찾으실 수 있을 것입니다. 선지자라고 하는 Prophet란 단어의 뒷부분인 -phet는- "말한다" 는 의미입니다. 이 단어의 두 부분의 의미들을 함께 합쳐놓으면 우리는 선지자 혹은 예언자(Prophet)란 단어의 훌륭한 정의를 내릴 수 있습니다. 그것은 무엇입니까?

____

____

선지자의 직임은 사무엘의 시대에 시작되었으며 말라기로써 끝이 납니다. 선지자들의 시대는 두 부분으로 나뉘어질 수 있습니다. 기원전 8세기 이전에는 선지자들은 주로 왕들에게 말씀하는 대변자들이었습니다. 사무엘, 나단, 엘리야와 엘리사가 그 예입니다. 기원전 8세기 동안과 그 후에 선지자들은 메시지를 이스라엘 전체에 그리고 때로는 외국 민족에게 까지도 맞추었습니다. 선지자들의 메시지가 기록되고 보존되기 시작한 것도 역시 이 기간 동안이었습니다.

선지서는 5개의 대 선지서와 12개의 소 선지서로 나뉘어집니다. 그들이 "대" 와 "소"로 불리워지는 이유는 어떤 것이 다른 것보다 더 중요하기 때문이 아니고 각 책의 내용의 분량 때문입니다.

선지자들은 그들이 하나님의 직접적인 대변자였기 때문에 권위 있고 영향력 있는 선생들이었습니다. 그들은 그들의 메시지를 하나님께로부터 직접 받았으며 그것들을 백성들에게 선포했습니다. 아래 도표를 보시고 선지자와 제사장을 구분하여 맞는 빈칸에 적으십시오.

하나님	하나님
____________	____________
백 성	백 성

선지자들은 그들 자신의 시대에서는 매우 인기가 없었는데 이는 그들이 부도덕과 종교적인 배역에 대해 말씀했기 때문이었습니다. 그러한 설교는 어떠한 시대에서도 인기가 없는 것입니다.

선지자들은 주로 그 자신의 시대의 백성들에게 그들 자신의 문제들에 관하여 말씀했음에도 불구하고 하나님은 그들을 미래를 연구할 수 있기에 가능하도록 해주었습니다. 이사야는 그 자신의 시대 뿐만 아니라 미래에 대해 말씀했던 선지자의 뛰어난 예입니다.

이사야는 어느 왕국의 선지자 였습니까?(다시 139면의 도표를 참조 하십시오)

____

■ 이사야서

1. 기록자 : 이사야
2. 기록연대 :
   B.C. 745~680년 사이
3. 기록장소 :
   아마도 예루살렘에서 기록했을 것이다.
4. 기록대상 :
   주로 유다 민족을 대상으로 하고 있고 그 밖의 주변 민족들을 위해서도 기록하였다.
5. 핵심어 및 내용 :
   이사야서의 핵심어는 "심판"과 "구원"이다. 이사야서의 66장 전체는 성경을 축소해 놓은 것과 같다. 앞부분의 39장은 회개하고 하나님께 다시 돌아오기를 거부한 이스라엘 민족에 대한 하나님의 심판을 강조하는 구약의 39권 내용과 서로 유사하다. 그리고 뒷부분의 27장은 우리를 구원하실 메시야에 초점이 모아진 신약과 비슷한 내용을 다루고 있다.

이사야의 동시대 선지자 두명을 기록하십시오.(139면의 도표를 참조)

1.______________________ 2.______________________

이사야서에서 가장 유명한 절들 중의 하나가 6:1-9입니다. 여기서 우리는 이사야의 생애의 비밀을 발견합니다. 그가 성전 안에서 예배드리던 중 이사야는 주님의 환상을 보았습니다. 주님에 대한 이사야의 체험은 다섯 단계로 나뉘어집니다. 이 각 단계들을 기술해주는 절이나 절의 부분을 기록하십시오.

1.이사야가 죄를 깨닫다 <6:5> ______________________________

____

2.이사야가 자백하다 <6:5> ______________________________

____

3.이사야가 정결케 되다 <6:7> ______________________________

____

4.이사야가 헌신하다 <6:8> ______________________________

____

5.이사야가 소명을 받다 <6:9> ______________________________

____

이사야는 분열 왕국의 역사에 있어 전환점에 등장합니다. 유다 왕국은 앗수르인들에 대항하여 방어할 길을 찾으며 불안해 하고 있었습니다. 이 기간 동안 이사야는 유다 백성들을 재생과 회복에로 초청하였습니다. 그의 웅변과 시대적인 메시지는 이스라엘 북왕국에 일어났던 것같이 앗수르의 포로로 몰락하는 것을 피하도록 유다 민족을 도와주었습니다.

수 많은 이사야의 예언들은 근본적인 인간의 본성을 말씀함으로써 어떠한 세대에도 적용되는 것입니다. 이사야의 다음 절들을 읽고 그것들이 우리 세대에 어떻게 적용되는지 설명해 보십시오.

이사야 1:23 ______________________________

____

이사야 5:20–23 ______________________________

____

이사야 10:1–2 ______________________________

____

이사야 29:15 ______________________________

____

이사야 31:1 ______________________________

____

이사야서는 그리스도의 때 앞서 약 700년 전 경에 기록되었으나 그것은 우리들에게 그리스도의 탄생과 삶 그리고 죽음에 대해 많은 것을 말씀해 주고 있습니다.

이사야에서 다음 구절들을 보고 그것들이 그리스도에 관해서 우리에게 무엇을 말씀해주고 있는지 기록하십시오 : (이 예언들의 성취를 기록한 신약성경의 구절들은 괄호안에 있습니다.)

이사야 7:14 <누가복음 1:26–31> ______________________________

____

이사야 11:1 <누가복음 1:31>

이사야 50:6 <마태복음 26:67>

이사야 53:3 <요한복음 1:11>

이사야 53:5 <로마서 5:6-8>

이사야 53:7 <마가복음 15:4-5>

이사야 53:12 <마가복음 15:27-28>

이사야서는 신약에서 다른 어떤 선지서보다 더욱 많이 인용되어집니다. 이 책은 때때로 작은 성경이라고 불리어지고 있습니다.

이사야서의 66장 (성경의 66권과 비교됨)은 두 부분으로 나뉘어 집니다.--첫 39장 (구약의 권수와 같은 수) 과 두 번째 27장 (신약의 권수와 같은 수) 구약과 같이 이사야의 첫 부분은 심판에 관해 말씀하고, 신약과 같이 나중 27장은 자비와 오실 왕국에 관해 말씀하고 있습니다.

구약의 역사

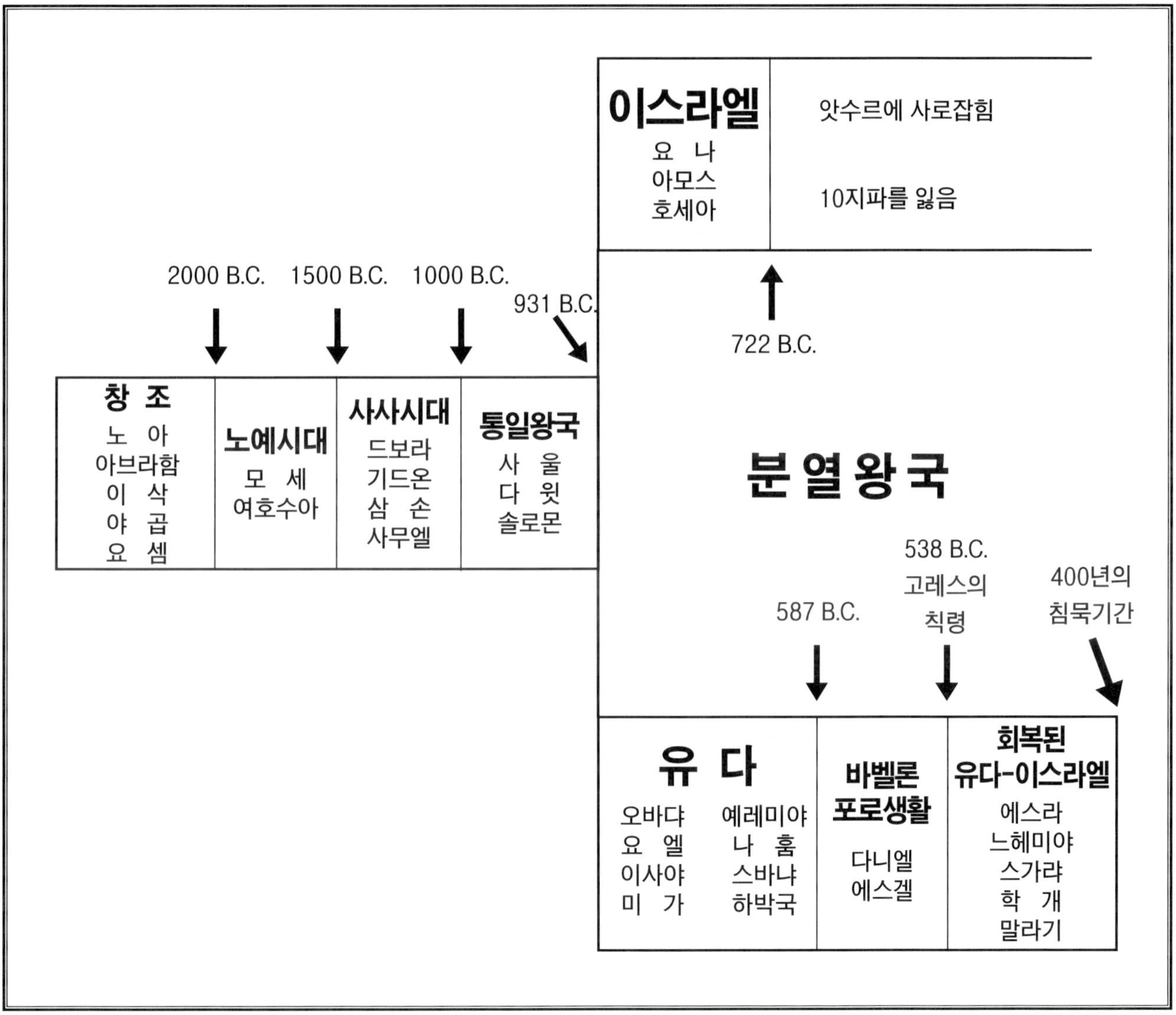
2000 B.C.
1500 B.C.
1000 B.C.
931 B.C.
창 조
노 아
아브라함
이 삭
야 곱
요 셉
노예시대
모 세
여호수아
사사시대
드보라
기드온
삼 손
사무엘
통일왕국
사 울
다 윗
솔로몬
이스라엘
요 나
아모스
호세아
앗수르에 사로잡힘
10지파를 잃음
722 B.C.
분 열 왕 국
587 B.C.
538 B.C.
고레스의
칙령
400년의
침묵기간
유 다
오바댜
요 엘
이사야
미 가
예레미야
나 훔
스바냐
하박국
바벨론
포로생활
다니엘
에스겔
회복된
유다-이스라엘
에스라
느헤미야
스가랴
학 개
말라기

미켈란젤로가 그린 '예레미야'선지자의 모습

제20주 예레미야, 예레미야애가

(1) 예레미야

예레미야서는 구약에서 가장 감동적인 책 중의 하나이면서도 연대적인 순서를 따르지 않았으므로 인해 읽기가 가장 어려운 책 가운데 하나인 것입니다. 예레미야의 메시지들은 그의 사역의 여러 역사적인 사건들 사이를 앞 뒤로 왔다갔다 합니다. 이 책의 각부분은 대게 같은 일반적인 주제이면서도 다른 시대의 기간을 다루는 메시지들을 포함하고 있습니다. 이 책의 개요를 약술하기는 어려우므로 그 몇 주요점들만을 보기로 하겠습니다.

예레미야의 사역은 유다의 존손 마지막 40년, 요시야 왕의 13년째 되던 해로부터 바벨론에 의한 예루살렘의 멸망까지의 기간동안 일어났습니다. 이 기간은 부도덕, 정치적인 부패와 배역으로 특징지어졌습니다.

앗수르의 수도 니느웨의 함락이후 바벨론은 세계적인 지배국이 되었습니다. 같은 때 애굽은 세계적인 힘으로 떠오르고 있었습니다. 유다의 정치 지도자들은 애굽과 바벨론 사이에서 찢겨졌습니다. 어떤 이들은 그들이 바벨론을 저항할 수 있도록 애굽인들과 동맹을 맺기를 원했으며 어떤 이들은 유다의 지속적인 존속을 보장받기 위하여 바벨론에 굴복하기를 주장했습니다. 이 시대의 선지자들은 유다 백성들이 안전을 위하여 애굽이나 바벨론을 바라보지 말고 주님을 바라보도록 권고했습니다.

예레미야의 사역은 열왕기하 23장에 기록된 부흥이후 약 5년 뒤에 시작되었습니다. 이 부흥은 끝났고 마지막 하락의 길로 급속도로 내려갔습니다. 139면의 도표를 보시고 다음의 질문들을 대답하십시오:

예레미야는 어느 왕국을 향한 선지자였습니까?

그가 그의 사역을 시작한 것은 그의 왕국의 몰락 이전입니까, 그 기간 중입니까, 아니면 그 후입니까?

예레미야는 또한 그의 사랑하는 도시 예루살렘이 불탄 이후 예레미야 애가를 기록했습니다. 그러므로 그는 포로 이전과 또한 포로시대의 선지자입니다. 모든 교사들과 설교자들과 기독교 사역자들은 이 책에서 하나의 귀중한 교훈을 배워야 합니다. 예레미야처럼 눈에 보이는 아무런 결과도 없이 자기의 삶과 사역에 충성되고 부지런한 사람은 거의 없습니다. 기독교 사역자의 사역에 있어 눈에 보이는 결과들이 하나님께 인정받는 것에 대한 척도는 아닙니다.

주님은 언제 예레미야를 선지자로 택정하였습니까?<1:5>

예레미야가 하나님의 부르심을 들었을 때 그의 응답은 어떠했습니까? <1:6>

주님은 예레미야가 그분을 위해 말씀할 수 있다는 것을 어떻게 그에게 확신시키셨습니까? <1:7, 17:19>

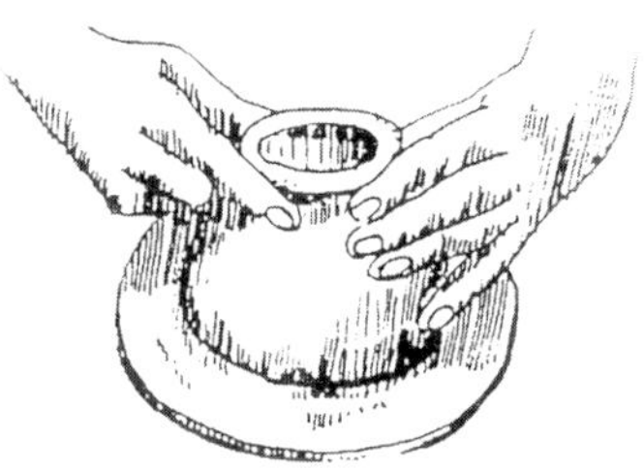

■ 예레미야서

1. 기록자 :
예레미야가 그의 비서 바룩의 대필로 기록했다.

2. 기록연대 :
B.C. 627~580년 사이

3. 기록장소 :
아마도 예루살렘에서 기록했을 것이다.

4. 기록대상 :
주로 유다 민족을 대상으로 하고 있고 그 밖의 주변 민족들을 위해서도 기록하고 있다.

5. 핵심어 및 내용 :
예레미야서의 핵심어는 "죄"와 "비탄"이다. 유다 민족은 계속해서 죄를 범할 뿐만 아니라 그 사악함이 극에 달했기 때문에 하나님은 심판하기로 작정하셨다. 예레미야는 이 임박한 심판을 그들에게 선포하도록 부름을 받았다. 예레미야는 자신이 핍박을 받을 뿐만 아니라 자기 민족이 당하는 쓰라린 괴로움으로 인해서 비통해한다.

2:4-37에서 우리는 유다의 배역에 대한 충격적인 사실을 볼 수 있습니다. 8절에서 제사장들과 목자들과 선지자들이 하나님으로부터 돌아선 것으로 특별히 언급되었습니다. 20절(그리고 17:2)도 가나안에서 바알 숭배에 관하여 언급한 문구들을 사용하고 있습니다. 이것은 성스러운 숲과 산꼭대기에서 행해지는 토속종교였습니다. 이 예배 의식에는 성적인 행위가 수반되므로 인하여 나라는 실제로 창기라는 이름을 받아 마땅하였습니다.

유다는 한 세기 앞서 있었던 여호와 하나님으로부터 돌아선 결과에 대한 이스라엘의 몰락으로부터 아무것도 배우지 못했습니다. 유다 백성들은 그들의 북쪽 형제들이 범했던 죄와 똑같은 죄를 저질렀으며 그들은 이스라엘의 형벌을 보았기 때문에 그들의 죄는 더욱 나쁜 것이었습니다.

그들의 배역의 깊은 곳에 있었음에도 불구하고 하나님은 그 백성들에게 무엇을 말하라고 예레미야에게 말씀하셨습니까?<4:1-4>

____

____

4:5-31에서 예레미야는 북방으로부터 오는 적군의 파괴적인 침략을 그림 보듯 생생한 용어로 묘사했습니다. 그러나 이런 황폐한 그림 가운데 하나님은 자비를 베푸셨습니다. 하나님은 예루살렘에서 얼마나 많은 의인을 발견할 수 있으면 그곳을 살려두기로 동의하셨습니까?<5:1>

____

7:3-4에서 예레미야는 성전에서 백성들의 거짓된 신뢰를 지적하였습니다. 그들은 여전히 예배드리러 성전에 갔고 제물을 바쳤으나 주중 나머지 날들 동안 의로운 삶의 표적은 전혀 없었습니

다.

예레미야서에서 가장 유명한 장들은 18장과 19장인데 그것은 토기장이의 집에 예레미야가 방문한 것을 기록하고 있습니다. 18장에서 예레미야는 토기장이 진흙으로 모양을 빚는 것을 예레미야가 지켜보는 것과 19장에서 그가 완성된 그릇을 가지고 힌놈의 골짜기에서 그것을 부수는 것을 주목하십시오. 우리는 이 실물교훈을 봄으로써 유다에 관한 사진 뿐만 아니라 또한 우리 자신과 하나님께 대한 우리의 관계를 볼 수 있습니다.

첫째로 **토기장이**를 봅시다. <18:1-4>

이스라엘은 단지 그가 선택했던 눈 가린 운명을 자비에 맡겨져 있었습니다. 하나님은 이스라엘의 선을 위해 그 주위의 모든 세력을 통제하기를 원하셨습니다. 로마서8:28은 신성한 토기장이로서 하나님에 대하여 어떻게 인용될 수 있습니까?

____

____

토기장이는 그의 진흙에 대해 계획을 갖고 있습니다. 그는 그의 마음 속에 그것이 완성되기도 전에 완성되어진 작품을 보고 있습니다. 이와 같이 신성한 토기장이는 우리의 삶을 통제하십니다. 그분은 환경과 위기와 부모와 재앙과 스승들을 사용하셔서 우리의 형태를 만들어 가십니다. 특수한 작품을 만드시기 위해서는 시간이 걸리며 하나님은 결코 서두르지 않으십니다.

둘째로 **진흙**에 대해서 이야기 합시다. <18:4-6>

예레미야의 메시지에서 진흙은 유다를 나타냅니다. 그러나 이 실물교훈은 또한 우리 각자의 삶에 적용되어야 합니다. 진흙은 숙

련된 토기장이의 손에 의해 빚어지지 않는 한 거의 가치가 없는 것입니다. 인간의 삶도 마찬가지입니다. 신성한 토기장이에 의해 빚어지지 않는 한 거의 가치가 없는 것입니다. 진흙이 토기장이에 의해 사용되기 위하여 반죽이 되어져야 하는 것과 같이 우리도 시련과 고통과 삶의 체험들에 의하여 반죽이 되어짐으로 우리의 토기장이의 손에 복종하게 될 것입니다.

셋째로 **토기장이의 녹로** (수레바퀴)를 관찰 합니다. <18:3>

주님은 마치 토기장이가 자기 자신의 속도로 수레바퀴를 돌림으로써 온전히 통제하는 것과 같이 그분이 유다를 둘러싸고 있는 환경과 사물을 통제하고 계심을 유다가 깨닫기를 원하셨습니다. 이와 같이 하나님은 우리 각자를 빚으시기 위해 그것에 의하여 삶의 환경을 배열하시는 한 시간표를 갖고 계십니다.

19:1-13에서 장차 올 심판의 표징으로써 하나님은 예레미야에게 무엇을 하도록 말씀하셨습니까?

____

____

26:8-16에서 제사장들과 선지자들은 예레미야에게 어떻게 하려고 했습니까?

____

36장은 성경에 나오는 가장 생생하고 극적인 장들 중의 하나입니다. 예레미야는 성전에서 설교하는 것을 금지 당했습니다 <36:5>. 그러므로 주님은 그의 메시지를 두루마리에 기록하여 바룩에게 보내어 그것을 성전에서 읽게 하도록 그에게 말씀하셨습니다. 바룩이 그것을 성전에서 읽은 후 그는 그것을 방백들에게 읽고 나서는 차례로 그것을 왕 자신에게 읽어주었습니다<36:15-

21>. 그것이 왕에게 읽혀질 때 그는 어떻게 했습니까?<36:23>

____

왕이나 그의 방백들은 그들의 죄에 대한 어떠한 회개의 조짐도 보이지 않았습니다. 그러므로 그들의 운명은 결정되어졌던 것입니다. 39:1-8을 읽고 예루살렘 성읍과 왕의 가족과 왕 자신에게 어떤 일이 일어났는지 기록해보십시오.

____

____

예레미야는 유다의 멸망 후 그 자신의 장래에 대해 말했던 유다에서 유일한 인물이었습니다<39:12; 40:1-5>.

40장에서 그다랴가 유다의 총독이 되었습니다. 바벨론 군대 앞에서 도망했던 유대인들은 유다로 돌아와서 식민지 시대의 굶주림 이후 좋은 수확을 거두게 되었습니다. 단 3개월 후에 그다랴는 살해 당했습니다. 바벨론으로부터의 보복을 두려워 한 사람들은 애굽으로 도망할 준비를 했습니다.

42-43장에서 예레미야는 그들이 그 땅에 남아있을 것을 권고했으나 그들은 거부하고 예레미야와 바룩을 데리고 애굽으로 도망하였습니다. 그리고 하나님께서 예언하신 것과 같이 때를 맞춰 바벨론 왕 느부갓네살의 군대가 애굽에 이르러 남은 자들을 바벨론으로 데리고 돌아갔습니다(유다 역사가 요세푸스에 의함). 애굽에 있는 동안 예레미야는 백성들에게 설교하기를 계속했으나 이 모든 일이 일어났음에도 불구하고 그들은 여전히 듣기를 거부했습니다. 전해 내려오는 말에 의하면 예레미야는 애굽에서 돌에 맞아 죽었다고 합니다.

이 책은 예루살렘의 멸망 즉시 따라오는 무서운 날들을 다시 말해주는 부록으로 끝을 맺습니다. 그것은 백성들에게 하나님을 불순종한 것에 대한 결과를 상기시켜 주고 있는 것입니다.

(2) 예레미야애가

이 책은 예루살렘의 멸망을 기념하는 다섯 개의 뛰어난 애가 혹은 장례시들의 연재입니다. 예레미야는 성읍의 멸망과 성전의 파괴, 백성들의 학살 그리고 남은 자들이 포로로 잡혀가는 것을 포함한 끔직한 사건들이 발생하는 것을 보았습니다. 이 책은 죄에 대한 경고요 모세가 민수기 32:23에서 "너희 죄가 정녕 너희를 찾아 낼 줄 알라"고 말한 것의 실례입니다.

■ **예레미야애가**

1. 기록자 :
   아마도 예레미야가 기록했을 것이다.
2. 기록연대 :
   B.C. 586~585년 사이
3. 기록장소 : 예루살렘 혹은 이집트
4. 기록대상 :
   무너져 내린 예루살렘 거민들
5. 핵심어 및 내용 :
   예레미야 애가의 핵심어는 "분노"와 "비탄"이다. 하나님의 분노로 말미암아 예루살렘 성은 멸망되었고 그분의 의로우심과 공의는 드러났다. 이제 예레미야가 할 수 있는 일이란 한때 영광스럽고 위대한 성이었던 예루살렘을 바라보면서 슬피 우는 것뿐이다.

제21주 에스겔

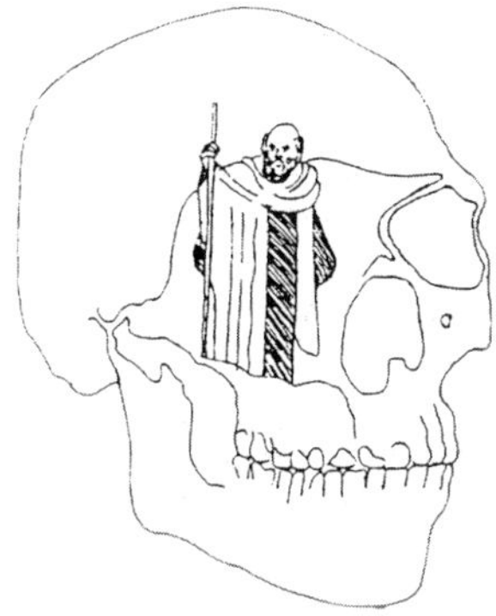

에스겔은 기원전 597년에 느부갓네살에 의해서 바벨론에 포로로 잡혀 갔습니다. 느부갓네살은 기원전 606년에 처음으로 유다를 침략하여 예루살렘을 빼앗고 다니엘 같은 젊은이를 포함한 많은 지도자들을 끌어 갔습니다.<단1:1-6> 이것이 70년의 포로 생활의 시작이었습니다. 8년 후인 597BC에 예루살렘은 바벨론의 억압으로 인해 혁명을 일으켰으며 느부갓네살은 두 번째로 침략해 와 여호야긴 왕과 10,000명의 방백들과 군인들과 기술자들과 그 외에 많은 사람들을 데려 갔는데 그 가운데 에스겔이 있었던 것입니다.<왕하 24:14-16> 그 나라의 가장 뛰어난 사람들을 데려감으로 인하여 느부갓네살은 유다 안에 남아있는 거주민들을 더욱 잘 다룰 수 있었습니다.

그리고 나서 느부갓네살은 예루살렘에서 시드기야를 왕으로 세웠습니다. 단11년 만에 시드기야는 애굽으로부터 도움을 바라며 바벨론을 대항하여 반역을 일으켰고 느부갓네살 왕은 진노하여 세 번째로 예루살렘을 침략하였습니다. 약 3년간의 포위 공격 후 그는 성읍과 성전을 파괴시켰고 수 만 명의 사람들을 죽이거나 국외로 추방하였습니다.<왕하 25장>

그 때 에스겔은 20대 중반으로서 예레미야와 동시대의 젊은 이였습니다. 예루살렘에서 에스겔은 제사장이 되기 위한 훈련을 받고 있었으므로 <1:3> 망명은 예루살렘의 성전에서 섬기려던 그의 모든 꿈에 종지부를 찍는 것을 의미했습니다. 그러나 그의 포로생활의 5년째 되던 해에 하나님은 그를 선지자로 부르셨습니다.

에스겔
두치오 디 부오닌세냐
(Duccio Di Buoninsegna 1278-1318)가
그린 선지자 '에스겔'

예레미야가 예루살렘의 멸망 직전 그곳에서 설교하고 있는 동안 에스겔은 바벨론에서 설교하고 있었습니다.

하나님은 이스라엘을 포로로 잡혀 가도록 허락하신 그분의 행동을 설명하시기 위하여 에스겔을 부르셨습니다. "그들이 나를 여호와인줄 알리라"라는 31절의 말씀이 이 책에서 거의 70번이나 사용되고 있습니다.

이스라엘 백성들은 죄를 지었으며 목이 곧았습니다. 이스라엘이 했던 것을 다른 나라들이 했을 때 하나님은 그들을 멸망시키셨습니다. 그러나 하나님은 아브라함과 맺은 그의 언약 때문에 이스라엘이 멸망당하도록 허락하지 않으셨습니다. 그분은 그들의 죄로 인해 그들을 벌하셨으나 동시에 그들을 다시 그분 자신에게로 이끄셨습니다. 포로 생활의 체험을 통해서 유대인들은 하나님께서 그들에게 가르치신 교훈을 항상 기억하였으니 그것은 그들의 다른 죄에도 불구하고 결코 우상 숭배의 죄를 다시는 범치 않았다는 것입니다.

에스겔서의 간략한 개요 :

Ⅰ. **에스겔의 소명과 환상** (1 - 3장)

Ⅱ. **유다의 죄에 대한 예언** (4 - 24장)

Ⅲ. **이방 나라들에 대한 예언** (25 - 32장)

Ⅳ. **복귀의 확신** (33 - 48장)

****

Ⅰ. 에스겔의 소명과 환상 (1 - 3장)

에스겔은 제일 첫 장으로부터 시작해서 환상의 책입니다. 그의 환상들 중 많은 것이 요한계시록에 나오는 것과 매우 흡사합니다.

1:1에 언급된 '제30년'은 아마도 에스겔 자신의 나이일 것입니다. 이것은 제사장이 그 임무를 떠맡은 정상적인 나이이므로 <민4:3> 이 해는 에스겔에게 특별히 의미 있는 해였을 것입니다.

에스겔은 환상 가운데 무엇을 보았으며 그의 반응은 어떠했습니까?<1:5;28>

2:1에서 시작하여 에스겔은 책 전체에서 인자로 언급되고 있습니다. 이 구절은 단순히 "인간" 혹은 "죽음을 면하지 못하는 사람"을 의미합니다. 이것은 또한 예수님께서 자신에 대해 언급하실 때 가장 흔히 사용하신 용어입니다.

에스겔의 소명은 2:4-9에서 분명해집니다. 어떠한 목적으로 하나님은 에스겔을 부르셨습니까?

에스겔의 소명은 이사야와 예레미야의 소명과 어떻게 비교됩니까?<사6:9-12; 렘1:17-19>

증인이 되어야 할 실제적인 책임이 에스겔서 3:18에 나옵니다. 이 구절을 읽고 그 뜻을 설명하십시오.

■ **에스겔서**

1. 기록자 : 에스겔
2. 기록연대 : B.C. 593~565년 사이
3. 기록장소 : 바벨론
4. 기록대상 : 바벨론에서 포로생활을 하고 있는 이스라엘 백성들
5. 핵심어 및 내용 : 에스겔의 핵심어는 "환상"과 "파수꾼"이다. 에스겔은 곧 일어나고 또한 오랜 기간이 지난 다음에 이루어질 하나님의 계획에 대한 환상을 보았다. 이 환상은 너무도 아름답고 신비스러울 뿐만 아니라 다양했다. 에스겔은 이러한 환상을 가지고 백성들을 권면하며 때로는 경고하기도 하는 하나님의 파수꾼 일을 잘 감당하였다.

Ⅱ. 유다의 죄에 대한 예언 (4 - 24장)

4장과 5장에서 에스겔은 예루살렘의 사로잡힘과 멸망을 연출했습니다. 그의 연극을 위한 버팀 돌은 한 개의 큰 벽돌이었는데 에스겔은 그 위에다 성곽의 줄을 긋고 번철 위에다가 떡을 구웠습니다. 사람들은 에스겔이 섞은 곡식을 빈약하게 척량하여 무게를 다는 것을 보며 메시지를 받게 되었습니다. 그리고 나서 그는 예루살렘의 수치를 보여주기 위하여 그의 머리를 밀었습니다. <5:1-2>. 이 모든 것은 유다가 극히 작은 숫자가 남을 때까지 포로 생활 속에서 황폐해 질 것을 나타내 주는 것이었습니다.

에스겔의 가장 중요한 환상 중 하나가 이 부분에 있습니다. 이 영광과 불경건함의 환상 속에서 에스겔은 예루살렘으로 옮겨져 성전 곁에 세워졌습니다.<8:1-4> 주님은 에스겔에게 성전의 행위들에 관하여 무엇을 보여 주셨습니까?<8:7-13>

9:4-10에서 하나님은 유다의 죄악으로 인해 그가 어떻게 하시겠다고 말씀하십니까?

에스겔의 시대와 오늘날의 시대에 있어서 사람들이 일반적으로 믿는 것과는 반대로 하나님은 감찰하시고 또한 심판하십니다. 10장에서 하나님의 영광이 성전으로부터 떠나고 맙니다.

사람들이 어떻게 생각하든 관계없이 하나님은 그의 백성들의 세대를 심판하실 때 언제나 공정하십니다. 그분은 18:19-20에서 그분의 심판에 대하여 무어라고 말씀하십니까?

____

____

Ⅲ. 이방 나라들에 대한 예언 (25 - 32장)

선지자들은 언제나 그들 자신의 나라에 관해 걱정했지만 그들은 흔히 하나님께서 모든 나라들의 주 이심을 의식했습니다.

25:2, 8, 12와 15절에서 주님은 에스겔에게 누구에 대하여 예언하라고 명하셨습니까?

1.______________ 2.______________

3.______________ 4.______________

이 모든 나라들이 공통적으로 갖고 있는 하나의 지리적인 사실은 무엇이었으며 그것이 어떻게 그들을 더욱 하나님께 책임을 갖도록 만들었습니까? (83면의 지도를 참조하십시오)

____

____

26-32장은 두로와 시돈 그리고 애굽과 그들의 죄의 선고를 다루고 있습니다.

Ⅳ. 복귀의 확신 (33 - 48장)

33:1-9에서 에스겔이 그의 백성의 파숫군임이 드러난 후 그가 유다 민족에게 고하라고 한 소망의 광선은 무엇이라고 하나님은 말씀하십니까? <33:11>

____

____

에스겔서에서 가장 유명한 부분은 37장입니다. 이 마른 뼈의 환상 속에서 에스겔은 매우 마른 뼈가 가득한 골짜기를 봅니다. 그것은 군대의 뼈가 묻히지 않은 채 말라서 전쟁터에 누워있는 참담한 패배의 사진입니다.

4-6절에서 주님은 에스겔에게 무엇을 하라고 말씀하셨습니까?

____

____

에스겔이 하나님께서 그에게 말씀하신 대로 했을 때 어떠한 일이 일어났으며 그것은 무엇을 의미합니까?<37:7-14>

____

____

____

에스겔 38장은 이 책에서 가장 논란이 많은 장입니다. 그것은 곡과 마곡의 전쟁을 다루고 있습니다. 이 두 이름은 요한계시록 20:7-9에서도 언급되어 있습니다. 어떤 이들은 38:2이 러시아에 관한 분명한 언급이며 메섹은 오늘날의 모스크바라고 믿고 있습니다.

유대인들이 소망이 없는 듯한 포로 상태에 있을 때 하나님은 에스겔 39-48장에서 그분이 그들에게 그들 자신의 땅을 회복시켜 주실 것이며 다윗보다 더 위대하신 분을 통하여 다윗의 왕국을 세우실 것을 선포하셨습니다.
이 내용은 장차 오실 메시야의 왕국에 대한 분명한 언급인 것입니다.

우리는 에스겔의 생애의 종반기에 대해서는 아무것도 알 수 없습니다.

제22주 다니엘

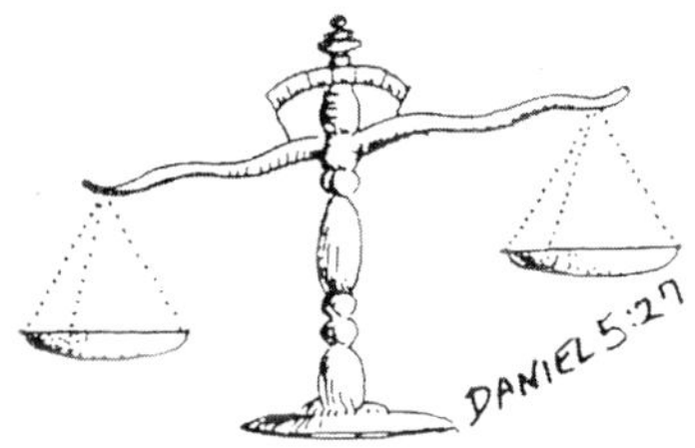

다니엘은 유다로부터 잡혀간 포로로서 바벨론에 살고 있었습니다. 그는 에스겔보다 몇 년 앞서 B.C. 606년에 한 소년으로서 그곳에 잡혀갔던 것이 분명합니다. 다니엘은 실제로 선지자이기보다는 정치가였으나 그의 책은 그가 여호와의 선지자임을 의심할 여지없이 분명히 보여 주고 있습니다.

요한계시록이 신약의 예언서라면 다니엘서는 구약의 예언서입니다. 에스겔서와 같이 다니엘서는 환상들로 가득차 있습니다. 환상(Vision=한국어 성경에는 이상으로 번역)이라는 말이 이 책에서 무려 30번 이상이나 나오고 있습니다.

다니엘서는 요한계시록과 병행하는 책입니다. 우리는 두 책 중에 어느 것도 다른 것이 없이는 충분히 이해할 수 없습니다. 두 책은 다 죄의 사람, 환난 기간, 재림과 심판을 다루고 있습니다. 다니엘과 사도 요한은 둘 다 망명 기간 동안 환상을 봄으로써 그 책들을 기록한 배경이 매우 흡사합니다.

다니엘서의 간략한 개요 :

Ⅰ. 역사적인 내용 (1 - 6장)

Ⅱ. 예언적인 내용 (7 - 12장)

****

다니엘
사자굴에서도 신앙을 저버리지 않고 기도하는 다니엘(다니엘서 6장)
루벤스의 작품 Daniel in the Lion's Den-RUBENS, Pieter Pauwel(1615)

Ⅰ. 역사적인 내용 (1 - 6장)

다니엘은 바벨론에 잡혀 왔을 때 그는 준수하고 영리한 젊은이였으며 그러한 조건은 뽑힌 자들 가운데서 그에게 특수한 훈련을 받을 위치를 보장해 주었습니다. <1:4>

다니엘과 함께 그의 친구 세 명이 있었으니 그들은 하나냐, 미사엘, 아사랴였습니다. 이 친구들의 고쳐진 이름들은 무엇이었습니까?<1:7>

1.__________ 2.__________ 3.__________

바벨론 사람들은 정결하고 부정한 음식에 관한 유대인이 법을 지키지 않았으며 또한 죽인 짐승으로부터 피를 빼 내지도 않았습니다. 다니엘과 그의 친구들은 비록 어렸지만 그들은 왕의 부정한 음식을 먹음으로써 그들의 신앙을 타협하지 않았습니다. 아마도 대부분의 다른 유대인들이 바벨론의 풍습을 따라갔었을 것임에도 불구하고 그들은 따르기를 거부하였습니다. 다니엘과 그의 친구들은 오늘날의 수많은 그리스도인들처럼 "다른 사람들이 다 하고 있는데 안 할 필요가 뭐 있느냐?" 혹은 "우리가 이렇게 고향에서 멀리 떨어져 있는데 누가 알게 뭐냐? 하며 변명을 할 수도 있었을 것입니다.

그 대신에 다니엘과 그의 친구들은 어떻게 함으로써 시험해 볼 것을 제의했습니까? <단1:11-14>

____

____

이 시험의 결과는 무엇이었습니까? <단1:15;21>

____

____

____

다니엘이 그의 훈련을 막 끝마쳤을 때 그는 그의 첫 번째 시험을 직면하였습니다. 느부갓네살 왕은 그를 번민케 하는 꿈을 꾸었으나 그는 그 꿈이 무엇에 관한 것인지를 잊어 버렸습니다. 먼저 그는 박수와 술객과 점장이와 술사들을 불러들여 그에게 그의 꿈을 알려 달라고 했습니다. <2:1-3>

느부갓네살 왕은 이 박수와 술객들에게 만일 그들이 그의 꿈을 기억나게 해주고 그를 위해 그것을 해석해 주지 아니하면 어떻게 하겠다고 말했습니까? <2:4-5>

그들이 만일 그 꿈을 해석할 수 있다면 그는 그들에게 큰 상을 줄 것을 약속했습니다.<2:6>

그가 계속하여 그 꿈과 해석을 알려줄 것을 요구할 때 이 술사들은 왕에게 어떻게 말했습니까?<2:10-11>

그들이 왕에게 이 대답을 했을 때 그는 다니엘과 그의 세 친구들을 포함한 모든 술사들을 다 죽일 것을 명했습니다.<2:12-13>

그러므로 다니엘은 왕 앞에서 그 꿈을 해석하기 전 그에게 기한을 줄 것을 요청했습니다. 그리고 나서 다니엘과 그의 친구들은 하나님께 구했고 하나님께서는 밤에 이상으로 그 꿈과 해석을 다니엘에게 나타나 보여 주셨습니다.<2:14-19>

다니엘이 그 꿈과 해석을 왕에게 고했을 때 느부갓네살은 다니엘에게 어떠한 상을 내렸습니까? <2:46-49>

■ 다니엘서

1. 기록자 : 다니엘
2. 기록연대 :
   B.C. 605~530년 사이
3. 기록장소 : 바벨론
4. 기록대상 :
   주로 바벨론에서 포로생활을 하는 유대인들이 기록대상이 되지만 바벨론과 페르시아에 있는 이방인들을 위해서도 기록했다.
5. 핵심어 및 내용 :
   다니엘서의 핵심어는 “용기”와 “보호”이다. 다니엘서는 참된 용기와 하나님에 대한 헌신을 보여주는, 기억에 남을 만한 이야기가 기록되어 있다. 또한 하나님께서는 자신을 온전히 의지하는 자를 어떤 역경 속에서도 보호하신다.

3장에 나오는 풀무불의 사건은 성경에 나오는 가장 극적인 이야기 중의 하나입니다. 느부갓네살은 금으로 만든 신상을 세우고 모든 백성들로 하여금 그것에게 엎드려 절할 것을 명하였습니다. 만일 그 어느 누구라도 거절하면 그는 그들을 풀무불 속에 던져 넣을 것이었습니다. 악기의 소리에 모든 사람이 금 신상에게 엎드려 절해야 하는 명령이 주어졌습니다.<5절> 음악 소리가 났을 때 어떤 세 사람이 그 신상에게 절하기를 거부하였습니까? <12절>

____

결과적으로 그들은 풀무불 속으로 던져졌습니다. 그들에게 어떠한 일이 일어났습니까? <3:19-27>

____

____

우리가 이 이야기에서 보는 것처럼 주님께서 우리를 풀무불로부터 항상 건지시지는 않으신다 할지라도 그분은 그 모든 것 가운데서 우리와 함께 하실 것입니다.

이 책에 나오는 다른 극적인 이야기는 6장에서 볼 수 있는데 -그것은 사자굴 사건입니다. 왜 다니엘은 사자굴 속으로 던져 졌습니까? <6:7-12>

____

____

사자굴 속에서 어떤 일이 일어났습니까? <6:18-23>

____

____

II. 예언적인 내용 (7 - 12장)

7장 이전까지 다니엘은 다른 이들의 꿈들을 해석해 주었으나 이

제 그는 그 자신의 이상을 보게 됩니다. 7장에서 다니엘은 그의 꿈 속에서 네 마리의 짐승들을 봅니다. 이 짐승들은 누구를 나타내고 있다고 다니엘은 말합니까? <7:17-23>

____

이 짐승들이 정확히 어떤 제국들을 나타내 주고 있는지에 관해서는 많은 의견의 불일치가 있어 왔음에도 불구하고 일반적으로 다음과 같은 해석이 받아들여 지고 있습니다:

사자는 바벨론<4절>, 곰은 바사<5절>, 표범은 알렉산더 대왕의 헬라제국<6절>, 네 번째 짐승은 먼저의 다른 어떤 것과도 달랐습니다. 그것은 무섭고 놀라왔으며 극히 강하고 큰 철 이를 갖고 있었습니다. <7:7> 이 짐승은 로마제국 9:20-27에서 하나님은 가브리엘 천사를 통하여 다니엘에게 말씀하십니다.(9:21)

하나님께서 그에게 말씀하시기 위하여 가브리엘을 보냈을 때 다니엘은 어떻게 했으며 이것은 오늘날 그리스도인으로서 우리에게 어떤 교훈을 줍니까?

____

____

24-27절은 해석하기가 무척 어려우며 수많은 해석들이 있습니다. 그러나 이 예언의 부분들은 명확합니다. 하나님은 그 안에서 그의 백성의 구원이 정점에 이르는 70×7해의 기간(70이레의 해들)을 지정 하셨습니다.(24절)

어떤 이들은 이 숫자가 상징적으로 받아들여져야 한다고 믿고 있습니다. 그러나 예루살렘 성을 중건하라는 명령이 날 때부터 예수 그리스도가 십자가에 못 박히신 사건 사이의 기간은 문자적인 해석을 간과하기에는 너무도 가까운 것입니다.

그러나 이 간략한 연구에서는 그것에 관해 토론할 여유가 없습니다.

다니엘은 10장에서 또 다른 이상을 보게 되는데 그것은 세마포 옷을 입고 허리에는 우바스 정금 띠를 띤 사람과의 만남을 기술하고 있습니다.

다니엘서 10:5-15절과 요한계시록 1:12-16의 유사점은 그냥 지나칠 수 없을 만큼 너무도 큰 것입니다. 이 두 문맥들을 읽을 때 우리는 다니엘이 이 이상 중에 만난 사람이 누구라고 결론 지을 수 있습니까?

11장은 놀랄만한 정확성을 가지고 헬라 제국을 묘사하고 있습니다. 제롬과 다른 사람들은 11:21-45을 안티오쿠스 에피파네스와 적그리스도의 이중적인 참조귀절로 해석하고 있습니다.

36-45절은 데살로니가후서 2:3-4에서 언급된 적그리스도와 요한계시록 13:5-8에서의 짐승의 이상을 언급함에는 논란의 여지가 없습니다.

12장 1절에서 다시 환란에 대해 말씀하고 있으나 더욱 중요한 것은 2절에서 우리 모든 믿는 자들이 참여하게 될 것에 대하여 구약에서 처음으로 명확히 언급된 것을 찾을 수 있으니 그것은 바로 부활입니다.

다니엘이 이 모든 예언을 이해할 수 없었던 이유는 12:9에서 찾을 수 있습니다.

그것은 무엇입니까?

제23주 호세아, 요엘, 아모스, 오바댜, 요나, 미가

호세아서로부터 시작해서 우리는 '소 선지서'로 알려진 12권의 책에 대한 연구를 시작합니다. 이 책들은 덜 중요하다는 의미에서 '소 선지서'가 아니라 그들의 간략성 때문입니다. 그러나 스가랴서는 결코 간략한 책은 아닙니다.

(1) 호세아

호세아는 ________왕국에 대한 선지자입니다.

< 139면의 도표를 보십시오 >

그의 책에서 호세아는 이 왕국을 다음과 같은 여러 이름으로 부르고 있습니다. 이스라엘, 에브라임, 사마리아, 그리고 야곱, 그의 사역은 아마도 이 왕국이 존속하던 마지막 50년 기간 동안이었을 것입니다.

호세아의 시대보다 200년 앞서 10지파가 유다로부터 분리되어 북 왕국을 세웠습니다. 그들은 즉시로 우상을 숭배하기 시작했습니다. 하나님은 엘리야와 엘리사를 보내셔서 이 행위에 대하여 그들에게 경고하셨습니다. 그 경고는 전혀 효력이 없었고 백성들은 하나님께 돌아오기를 거부하였습니다. '돌아오라'는 말은 호세아서에서 주요 핵심 단어입니다. 그 말은 거의 모든 장에 나오고 있습니다. 4:2에서 호세아는 이스라엘의 죄악을 열거하고 있습니다. 그것들은 어떠한 것들이었습니까?

1.________________ 2.________________

호세아
두치오 디 부오닌세냐
(Duccio Di Buoninsegna 1278–1318)가
그린 선지자 '호세아'

■ **호세아서**

1. 기록자 : 호세아
2. 기록연대 :
   B.C. 790~710년 사이
3. 기록장소 : 북왕국 이스라엘
4. 기록대상 : 북이스라엘 백성들
5. 핵심어 및 내용 :
   호세아의 핵심어는 "결혼"과 "용서"이다. 호세아가 고멜과 결혼한 것처럼 하나님과 이스라엘 백성의 언약 관계는 결혼관계로 묘사된다. 그리고 호세아가 간음한 자기의 아내를 용서하고 노예시장에서 다시 찾아오기 위하여 나선 것처럼 하나님께서는 타락한 이스라엘을 용서하시기 위하여 그들을 찾고 계신다.

요엘
미켈란젤로가 그린 '요엘'선지자의 모습(1509)

3.____________ 4.____________
5.____________

믿다가 타락한 자들은 언제나 형벌을 받았으며 이스라엘도 예외는 아니었습니다. 또한 오늘날의 그리스도인들도 마찬가지인 것입니다. 주님과 맺은 서약을 깨뜨린 그리스도인은 구원을 잃지는 않지만 그는 그리스도인이 된 기쁨을 잃어버릴 뿐만 아니라 <시편 51:12>, 주님의 일에 사용 받지 못하게 됩니다. 우리가 죄를 지을 때 우리는 하나님으로부터 징계 받게 될 것을 알아야 합니다.

이스라엘을 향하신 하나님의 채찍은 앗수르였습니다. 그분은 그의 자녀들을 위한 사랑 때문에 그들을 징계하십니다.<잠 3:11-12, 히 12:1-13>

(2) 요엘

요엘은 ________ 왕국에 대한 선지자입니다.
< 139면의 도표를 보십시오 >

요엘의 예언의 경우는 그 땅을 황폐케 한 극심한 메뚜기떼의 재앙이었습니다. 이 재앙은 장차 다가올 더 무서운 재앙을 경고하기 위하여 요엘에 의해 사용되었던 것입니다. 그는 장차 다가올 심판을 '여호와의 날' 이라고 불렀습니다. 신약에서는 이 구절이 '대환난' 이라고 불리우는, 교회가 하늘로 들려 올라간 이후의 미래 < 마 24:15-31, 살전 1:10 >에 관해 언급하고 있는 것입니다.

(3) 아모스

아모스는 ________ 왕국에 대한 선지자입니다.
< 139면의 도표를 보십시오 >

그는 드고아의 목자였습니다. <1:1> 그는 전혀 선지자로서의 훈

련을 받지 못했으나 하나님의 메시지를 이스라엘에 증거하기 위하여 들에서 그의 일을 하던 중 주님으로부터 직접 부르심을 받았습니다. <7:14-15>

아모스는 그의 시대에 유일한 선지자는 아니었습니다. 하나님은 그의 백성들이 회개하지 않으면 찾아올 장래의 멸망에 대해 그의 백성을 경고하시기 위해 많은 선지자들을 보내셨습니다. 139면의 도표를 보고 아모스와 동시대의 선지자들을 찾아 보십시오:

1.________________ 2.________________

아모스는 호세아가 했던 것보다 더 생생하게 이스라엘의 죄를 고발했습니다. < 2장을 보십시오 > 그는 그들의 자기 멋대로의 삶, 가난한 사람들에 대한 그들의 압제, 거짓과 예배에 있어서 그들의 위선에 대해 설교하였습니다.

(4) 오바댜

오바댜는 ________ 왕국에 대한 선지자였습니다.

< 139면의 도표를 보십시오 >

다른 선지자들과 같이 오바댜는 주의 날의 올 것과 메시야 왕국의 설립을 예언하고 있습니다. 우리는 그의 이름 외에는 그의 대하여 아무 것도 알 수 없습니다.

오바댜는 구약의 가장 짧은 책으로 특정 지어 집니다.

(5) 요나

요나는 ________ 왕국에 대한 선지자였습니다.

< 139면의 도표를 보십시오 >

이 책은 그의 예언들을 모아 놓은 것이 아니라 요나 자신의 관한

■ 아모스서

1. 기록자 : 아모스
2. 기록연대 : B.C. 760~753년 사이
3. 기록장소 : 예루살렘 근처
4. 기록대상 : 주로 이스라엘을 대상으로 하지만 유다와 주변 민족들을 위해서도 기록하고 있다.
5. 핵심어 및 내용 : 아모스의 핵심어는 "다림줄"과 "희망"이다. 하나님께서는 아모스에게 백성들을 시험하시고 심판하실 다림줄을 환상으로 보여 주셨다. 그러나 하나님은 희망의 빛을 비춰 주신다. 그분은 자기 백성과 그 땅을 다시 회복시켜 주실 것이다.

■ 오바댜서

1. 기록자 : 오바댜
2. 기록연대 : 오바댜는 예루살렘이 침공을 받았던 어느 시기에 기록된 것이다. 만약 예루살렘성이 블레셋과 아랍인들에 의해서 침공 받았던 때에 이 책이 기록되었다면 그 시기는 대략 B.C. 848~840년 정도가 될 것이다.
3. 기록장소 : 유다
4. 기록대상 : 에돔 족속
5. 핵심어 및 내용 : 오바댜의 핵심어는 "교만"과 "형제"이다. 세일산 가운데 요새화된 성에서 안전하게 살았던 에돔 족속은 교만하게 되었다. 그래서 그들은 자기들과 한 핏줄을 나눈 이스라엘 민족을 멸시했고 그들에게 관심조차 갖지 않았다. 그의 형제를 동정과 사랑으로 돌보게 해주는 참된 자부심은 주님 안에 있을 때에만 갖게 된다.

요나
물고기 배에서 나오는 요나를 형상화한 19세기 그림

설명임으로 인하여 나머지 소 선지서들과 다른 점이 있습니다.

요나서는 꾸며낸 이야기나 비유가 아닙니다. 요나는 실제적, 역사적 인물입니다. 우리 주님은 요나서에 관해 언급하심으로 < 마 12:39, 눅 11:29-32 > 이 책을 인정하시는 그분의 도장을 찍으신 것입니다.

책의 시작에서 하나님은 요나에게 니느웨에 가서 그곳에서 설교할 것을 명하십니다. 니느웨는 어느 제국의 수도였습니까?
〈98면의 지도를 보십시오〉

요나는 하나님의 말씀을 거역하고 배를 타고 다시스로 도망 하였습니다. 주님은 요나를 깨우시기 위하여 폭풍을 보내셨습니다. 우리 그리스도인들이 하나님의 뜻에서 벗어 났을 때는 언제나 그분이 우리를 깨우기 위해 폭풍을 보내십니다. 그것은 어쩌면 질병이 될지, 재정적 손실이 될지, 혹은 그 밖의 어떤 것이 될지 모르나 어쨌든 주님은 우리의 관심을 얻는 방법을 알고 계십니다. 그 폭풍 때문에 요나는 바다로 던져졌고, 그러나 하나님은 그 폭풍 가운데도 계셔서 요나를 돌보셨습니다.

2장은 큰 물고기 배 안에서 드린 요나의 기도입니다. 그것은 주로 시편에서 인용한 것이며 회개와 하나님 안에서의 확신을 표현한 것입니다. 그리고 난 후 그 큰 물고기는 요나를 육지로 토해 냈습니다. 하나님은 요나에게 다른 기회를 주셨습니다. <3:1-2> 니느웨는 거의 백만명이 살고 있던 거대한 도시였습니다. '삼일 길'이라고 하는 것은 그 둘레를 걷는 데 3일이 걸린다는 것을 의미합니다.

요나의 설교의 결과로써 어떤 일이 일어났습니까? <3:5-9>

■ **요나서**

1. 기록자 : 요나
2. 기록연대 : B.C. 793~753년 사이
3. 기록장소 : 예루살렘 근처
4. 기록대상 : 이스라엘 백성
5. 핵심어 및 내용 :
요나서의 핵심어는 "물고기"와 "순종"이다. 큰 물고기가 요나를 삼킨 사건은 요나의 종말을 의미하지는 않는다. 이 사건은 오히려 선지자를 구원하시기 위해서 하나님이 뻗치신 손과 같은 것이다. 물고기 뱃속에 있는 동안 그는 회개하였고 다시 큰 구원을 선포할 수 있는 기회가 그에게 주어졌다. 많은 사람들은 요나가 순종하고 니느웨로 간 행동을 복음을 전하려고 하는 큰 열정으로 이해하고 있다.

이 결과에 대해 요나는 어떻게 반응했습니까? <4:1-3>

____

____

주님은 어떻게 요나를 꾸짖으셨습니까? <4:4-11>

____

____

요나서의 메시지는 잃어버린 영혼들을 향하신 하나님의 사랑입니다. 요나는 그에게 그늘을 만들어 준 박 넝쿨이 시듦을 인하여 괴로워하고 성을 내었습니다. 그러나 그는 니느웨 성의 수많은 백성들을 위해서는 사랑이나 긍휼이 마음이 전혀 없었습니다. 이 책은 또한 주님께서 그의 선지자들을 통해서 심판의 경고를 보내고 있다는 것과 그렇지만 만일 민족이 회개하면 하나님께서는 그의 심판을 이행하지 않으실 것이라는 것을 우리에게 말씀해 주고 있습니다.

무화과(Fig)
팔레스타인 지방에 널리 재배된 나무의 열매로, 식용과 약용으로 쓰였다. 무화과는 번영과 평화를 상징하였고, 마른 무화과는 재판과 심판을 상징하였다. (미가 4:4)

(6) 미가

미가는 ________ 왕국에 대한 선지자였습니다.

< 139면의 도표를 보십시오 >

미가는 이사야와 호세아의 동시대 인물입니다. 그의 책은 그가 그의 백성에게 전한 세 편의 설교로 구성되어 있으며 각 설교는 '들을지어다' 라는 말로 시작하고 있습니다.

백성들에게 주는 첫 번째 메시지는 이스라엘의 죄악에 관한 것입니다. <1-2장> 그것은 다가올 포로생활과 망명에 관한 경고입

■ **미가서**

1. 기록자 : 미가
2. 기록연대 : B.C. 735~698년 사이
3. 기록장소 : 예유다
4. 기록대상 : 북이스라엘과 남유다
5. 핵심어 및 내용 : 미가서의 핵심어는 "정의", "자비", "겸손"이다. 미가는 계속해서 하나님의 백성에게 그들의 모든 삶 속에서 정의를 드러내며 다른 사람들에게 자비를 베풀고 하나님 앞에서 겸손하라고 외친다.

니다.

두 번째 메시지는 장차 오실 구원자에 관한 것입니다. <3-5장>

그리고 세 번째 메시지는 법정의 장면으로 나타납니다. <6-7장> 하나님은 그의 백성들에 대하여 고소장을 가져오는 분으로 묘사됩니다.

우리는 미가서 6:8에서 참 종교에 관한 최고의 구약의 정의를 찾아 볼 수 있는데 그것은 야고보서 1:27과 매우 흡사한 것입니다. 아래 열거된 것은 참 종교의 세가지 요소들입니다. 8절을 보고 각 요소의 옆에 해당되는 구절을 적으십시오.

공의 ______________________________

타인을 생각함 ______________________________

경외 ______________________________

참 종교를 구성하는 것은 이러한 것들이지 교리나 신조나 예식이 아닙니다.

예수님께서 바리새인들에게 그들의 종교가 어떠해야 하는가를 말씀하실 때 그분은 참 종교를 묘사함에 있어서 매우 흡사한 용어를 사용하셨던 것은 흥미 있게 주목 할만 합니다. 그것들은 어떠한 것들이었습니까? <마 23:23>

1. ______________________________

2. ______________________________

3. ______________________________

주님은 우리의 신앙이 우리의 매일의 삶 속에서, 직장에서, 학교에서 그리고, 가정에서 생활화 되기를 기대하십니다. 여러분의 신앙은 여러분의 삶의 이 모든 영역에서 영향을 미치고 있습니까?

제24주 나훔, 하박국, 스바냐, 학개, 스가랴, 말라기

(1) 나훔

나훔은 어느 왕국을 향한 선지자였습니까?

〈 139면의 도표를 보십시오 〉

____

나훔이라는 이름은 "위로" 또는 "위안"을 뜻합니다. 그는 유다의 구원과 그들의 적 앗수르의 멸망을 예언했습니다.

나훔의 주제는 __________의 설교로 인해 회개했던(요나3:4-5) 도시 니느웨의 멸망입니다. 나훔은 그 위대한 부흥이 있는 지 약 150년 이후에 씌어졌습니다. 니느웨는 나훔의 시대에 아마도 세계에서 가장 큰 도시였을 것입니다. 구약에서 어떠한 이방의 도시도 니느웨만큼 많은 관심을 끈 것이 없는데 이는 두 개의 소선지서가 전적으로 그것을 위해 씌어졌기 때문입니다.

니느웨 사람들은 요나의 설교로 인해 진지하게 회개했으나 그들은 다시 그들의 옛 죄로 떨어지고 말았습니다. 그러므로 하나님은 니느웨와 그 제국의 마지막 심판을 경고하기 위해 나훔을 보내셨습니다. 앗수르인들은 감각적이고 교만한 사람들이었으며 그들의 제국은 폭력과 순전한 야만적 행위에 의해 세워진 것이었습니다. 나훔 3:1-3에서 그들의 잔인성을 읽어 보십시오.

나훔은 1:2-3과 1:6-8에서 니느웨의 운명을 어떻게 기술했습니까?

____

____

1:7-8에서 하나님은 그를 신뢰하는 자들을 위해 피난처가 되심을 주목하십시오 성경이 활자로 인쇄된 후 오랜 동안을 수많은 학자들은 니느웨가 가공의 도시인 줄로 생각했었습니다. 그러나 모술로부터 티그리스 강을 가로질러 있는 흙으로 된 둑이 바로 니느웨의 폐허였음이 확인되었습니다. 그러므로 고대의 가장 찬란했던 도시에 대한 성경의 기사는 사실임이 인정된 것입니다.

이 책은 비록 경건치 못한 자가 한 때 번영할지는 몰라도 하나님의 심판은 올 것이며 그분은 그분의 백성들을 건지실 것임을 가르치고 있기 때문에 이 책에서 위로를 얻게 되는 것입니다.

(2) 하박국

우리는 하박국에 관해서 그의 이름 외에는 아무 것도 알지 못합니다. 그의 책은 우리가 오늘날 아직도 직면하고 있는 당혹한 문제---왜 악한 자들이 번영하는가?---를 다루고 있습니다.

이 질문에 대하여 하박국은 응답을 얻기 위해 하나님께로 나아가 기도하며 기다렸습니다. <2:1>

앗수르 제국은 나훔이 예언한 대로 멸망했으며 애굽과 바벨론은 세계적인 지배세력을 위한 경쟁국들이었습니다. 바벨론인들과 갈대아인들은 느부갓네살 아래서 연합되었으며 하박국은 유다가 이 위대한 세력에 망할 것을 알았습니다. 그래서 그는 바벨론보다 더 악한 죄를 짓지 않은 유다 같은 나라를 왜 바벨론 같이 악한 나라가 정복해야 하는가를 이해할 수 없었습니다. 그것은 마치 선에

■ **나훔서**

1. 기록자 : 나훔
2. 기록연대 : B.C. 663~612년 사이
3. 기록장소 : 유다
4. 기록대상 :
   앗시리아 민족과 그 나라의 수도인 니느웨성 백성을 대상으로 썼을 뿐만 아니라 유다에 있는 하나님의 백성들을 권면하고 위로하기 위하여 나훔서를 기록했다.
5. 핵심어 및 내용 :
   나훔서의 핵심어는 "막강한 힘"과 "위로"이다. 인간의 눈으로 볼때 니느웨는 막강하고 강력한 성이었다. 이 니느웨성은 100피트 높이의 큰 성벽과-이 성벽 위로 동시에 6개의 마차가 달릴 수 있었다-60피트 깊이의 연못으로 둘러싸여 있었다. 그러나 나훔은 이같은 가공할 만한 위협에도 불구하고 그의 백성에게 계속해서 위로의 말을 선포했다. 곧 아무리 강력한 인간들이 침공해 올지라도 전능하신 하나님께서 그들로 하여금 능히 이기도록 도와주실 것이다.

대한 악의 승리와 같이 보였던 것입니다. 그러므로 하나님은 하박국에게 그분의 전체의 계획을 보여 주셔야 했습니다.

2장에서 하나님은 하박국에게 이 어두운 날들 동안 그를 격려하시기 위해 세가지 가장 훌륭한 확신을 주셨습니다.

1. "의인은 믿음으로 말미암아 살리라."< 2:4 > 이것은 성경에서 가장 중요한 구절 중의 하나입니다. 이것은 신약에서 세 번 인용되어 집니다.

2. "하나님의 영광이 세상에 가득하리라." < 2:14 > 이 구절은 하박국의 시대의 죄악들을 묘사하는 '다섯 가지 화' 중간에 나오는 구절입니다.

다음의 구절들을 보시고 하나님께서 '화' 있다고 말씀하신 죄악들을 열거하십시오:

< 2:6 > ________________ < 2:15 > ________________

< 2:9 > ________________ < 2:19 > ________________

< 2:12 > ________________

비록 세상은 죄로 가득하였을지라도 어느 날 세상은 하나님의 영광으로 가득하게 될 것입니다.

3. "주 여호와는 그의 거룩한 성전에 계신다." < 2:20 > 하박국은 하나님이 이 세상의 사건들로부터 떠나셨거나 혹은 그것들에 관심이 없으시다고 생각했습니다. 그러나 그는 하나님께서 모든 것을 온전히 주장하고 계시다는 사실을 발견했습니다. 때때로 끔찍한 일들이 일어나며 우리는 그것을 이해하지 못합니다. 만일 우리가 단순히 오늘날 세상의 환경만을 바라본다면 우리는 실망하게 될 것이지만 우리가 하나님을 바라본다면 우리는 용기를 얻게 될 것입니다. 우리는 유명한 찬송가의 가사를 기억할 필요가 있습니

다.

이것이 나의 아버지의 세상, 오 결코 잊지 말게 하소서

흔히 악이 그리 강하게 보인다 할지라도

하나님께서 아직도 통치자이심을......

Maltbie D. Babcock

3장에서 우리는 선지자가 하나님을 찬양함을 봅니다. 그분은 만일 우리가 시간을 내어 기도로 그분과 대화하며 그분의 말씀을 상고하고 그분의 계시를 기다리면 언제나 혼돈을 축복으로 변화시켜 주시는 분이십니다.

(3) 스바냐

스바냐는 히스기야 왕의 고손자입니다. 그는 그의 사역을 요시아 왕 초기에 시작했으며 그의 책은 나훔의 메시지보다 약 50년 이후에 씌어졌습니다. 히스기야의 세 자손 중 둘은 악하고 우상을 숭배하는 왕이었으나 셋째인 요시아는 16세에 그 자신을 주께 헌신했습니다. 그는 우상을 끌어내리고 거짓 선지자들을 심판하고 성전을 재건하고 유월절을 지키도록 나라를 인도함으로 영적인 개혁을 시작했습니다. 모든 것이 겉으로 보기에는 나라가 실제로 부흥하였던 것입니다.

그러나 스바냐는 백성들의 마음 속을 들여다 보았으며 일어나는 일들의 대부분이 인위적인 것임을 알았습니다. 요시아와 스바냐의 연합된 노력으로서도 부흥은 단지 잠시였고 백성들의 죄악은 계속되었습니다.

이 책은 아주 강한 어조로 시작됩니다. < 1:2 >

■ 하박국서

1. 기록자 : 하박국
2. 기록연대 : B.C. 609~589년 사이
3. 기록장소 : 유다
4. 기록대상 : 유다 백성
5. 핵심어 및 내용 :

하박국서의 핵심어는 "믿음"과 "정의"이다. 이 하박국서로부터 우리가 배울 수 있는 분명한 교훈은 하나님을 온전히 믿는 것이 가장 중요하다는 사실이다. 우리는 하나님이 행하시는 모든 일들을 다 이해할 수는 없다. 그러나 우리는 하나님이 우리를 참으로 사랑하시고 그분이 작정하신 모든 계획 속에 정의가 온전히 실현되는 일도 포함되어 있다는 사실을 확신하고 있다.

■ 스바냐서

1. 기록자 : 스바냐
2. 기록연대 : B.C. 640~612년 사이
3. 기록장소 : 유다
4. 기록대상 : 유다 백성
5. 핵심어 및 내용 :

스바냐의 핵심어는 "보복"과 "주의 날"과 "남은 자들"이다. 스바냐는 하나님은 죄를 묵인하고 지나가는 분이 아니실 뿐만 아니라 죄를 미워하시는 거룩한 분이기 때문에 모든 나라들은 다가올 "주의 날"에 그들의 죄에 대해서 심판을 받게 될 것이라고 큰소리로 외쳤다. 그러나 하나님은 여기 저기에서 다시 모이게 될 주의 백성을 남겨 놓으실 것이며 그들 가운데에 주님이 함께 하셔서 그들을 높이시고 위로하시며 그들에게 기쁨을 줄 것이라고 약속하셨다.

바벨론 사람들에 의하여 유다에 임할 심판에 관해 많이 언급되어 있습니다. 왜 심판이 오게 되었습니까? < 1:17 >

2:1-3에서 스바냐는 무엇을 요청했습니까?

스바냐는 하나님의 진노의 동기는 미움이 아니고 사랑임을 가르치고 있습니다. 하나님께서 우리를 얼마나 많이 사랑하고 계시는가를 이해할 수 있기 전에 우리는 그분이 죄를 얼마나 많이 미워하고 계시는가를 알아야 합니다.

(4) 학개

대부분의 구약의 선지자들은 포로 생활 이전에 설교하였습니다. 포로 기간 동안에는 에스겔과 다니엘이 예언하였습니다. 남은 자들이 예루살렘으로 돌아올 때 학개, 스가랴와 말라기가 예언하였습니다.

학개서의 목적은 하나님의 성전을 완성하도록 백성들을 격려하기 위한 것이었습니다. 이 짧은 책 안에는 네게의 간결한 메시지들이 있습니다. 그 각각은 하나님의 백성들로 하여금 그 분의 뜻을 이루지 못하게 막는 특정한 죄를 지적하고 있습니다.

(5) 스가랴

스가랴는 학개와 동시대의 인물로 성전 재건 기간 동안 사역했습니다. 이 책은 미래에 관하여 예언한 책으로서는 구약에서 다니엘서 다음의 서열에 들어갑니다.

스가랴는 학개와 같이 백성들을 격려하기 위해 세움을 받게 되었습니다. 유대인들은 한 때는 하나님께서 그들이 그렇게 되기를 위해 계획하셨던 것처럼 강력한 나라였습니다. 이 당시에는 그들은 단지 이방 통치자의 관대함으로 인해 약속의 땅에 살 수 있게 된 가난하고 적은 무리였습니다. 스가랴는 언젠가 메시야가 오셔서 이 세상의 통치자가 되실 것을 예언했습니다.

스가랴는 한 나라로써 백성들을 함께 붙들고 그들이 더 깊은 죄악으로 빠지는 것을 막기 위해서 반드시 성전을 재건해야 한다는 것을 알았습니다. 농작물 수확의 실패와 사업의 불황은 그들을 낙심시켰으므로 인하여 단지 학개의 설교만이 그들을 일하도록 붙들어 주는 것이었습니다.

이 때에 그들은 다른 소리를 필요로 하였으며 그것이 바로 스가랴였던 것입니다. 그는 사람들을 정죄하지 않았으며 장차 올 하나님의 백성의 사진을 선사하였습니다.

스가랴는 오실 메시야에 관하여 이사야를 제외한 다른 어떤 선지자보다 우리에게 더욱 많이 말해 주고 있습니다. 다음의 참조 구절들을 보시고 그리스도에 관하여 무엇을 말하고 있는지 설명해 보십시오:

스가랴 9:9 < 마태복음 21:4-5 > ______________________________

____

스가랴 11:12-13 <마태복음 27:9-10 > ______________________________

____

스가랴 12:10 < 요한복음 19:37 > ______________________________

____

스가랴 13:6 < 요한복음 1:11 > ______________________________

■ 학개서

1. 기록자 : 학개
2. 기록연대 : 약 B.C. 520년경
3. 기록장소 : 예루살렘
4. 기록대상 :
포로생활에서 예루살렘으로 귀환한 모든 유대인들을 대상으로 하고 있을 뿐만 아니라 특별히 스룹바벨과 여호수아를 위하여 기록했다.
5. 핵심어 및 내용 :
학개의 핵심어는 "재건"과 "우선권"이다. 성전 재건이 완성되기 전에 먼저 백성들의 마음이 하나님 앞에 바로 서야했다. 학개는 백성들로 하여금 자신들의 마음을 세우는 일을 먼전 하도록 권면했다. 그 결과 하나님의 영광이 재건된 성전 위에 충만히 임하게 되었다.

■ 스가랴서

1. 기록자 : 스가랴
2. 기록연대 :
1장에서 8장까지는 B.C. 520년에서 518년 사이에 기록이 되었고 9장에서 14장 까지는 몇십년 후인 B.C. 480년에서 470년 사이에 기록되었을 가능성이 높다.
3. 기록장소 : 예루살렘
4. 기록대상 : 귀환한 이스라엘 백성
5. 핵심어 및 내용 :
스가랴의 핵심어는 "순종"과 "메시야"이다. 스가랴는 이스라엘이 축복을 누릴 수 있는지의 여부는 하나님과 하나님의 말씀에 대한 백성의 순종에 달렸다고 백성들에게 알려 주었다. 또한 다가올 메시야는 바로 이 책의 중심내용이다. 그분의 능력과 배반당하시는 장면과 그분의 왕국이 묘사된다.

스가랴 13:7 < 마태복음 26:31, 요한복음 16:32 > ____________

스가랴 14:3-8 < 사도행전 1:11, 요한계시록 22:1-5 > ____________

구약 마지막 소선지서의 주인공인 말라기
두치오 디 부오닌세냐가 그렸다
(Malachi-DUCCIO di Buoninsegna 1308-1311)

(6) 말라기

이 책은 유다인들이 바벨론으로부터 예루살렘으로 돌아온 지 약 100년 이후에 일어난 것입니다. 말라기는 구약의 가장 마지막 선지자입니다. 학개와 스가랴에 의해 시작되었던 열정은 사라졌습니다. 백성들은 다시 식어지고 타락했습니다. 그러므로 하나님은 그의 전파자로 말라기를 세우셨습니다. 말라기의 노력은 이시기의 도덕적, 종교적 하락에다 방향을 맞추었습니다. 그는 또한 심판하러 오실 메시야와 새 시대의 동이 터옴을 예언하였습니다.

이 시기에 제사장들은 제단을 섬기는 일, 향을 사르는 일과 진설병을 먹는 일과 같은, 하나님께서 그들에게 주신 특권을 가치 있게 여기지 않았습니다. 제사장직은 레위와 맺은 그분의 언약을 통해 주신 하나님의 은혜의 선물이었습니다. 제사장들의 배은망덕으로 인하여 하나님은 그들을 백성들의 눈 앞에서 경멸히 여김을 받도록 하시겠다고 선포하셨습니다. <2:1-4, 9>

말라기의 시대에 남자들은 그들의 유대인 처들과 이혼하고 우상을 숭배하는 여인들과 결혼했습니다. 또한 사람들은 하나님께서 그들에게 하라고 명령하신 것들을 하지 않았습니다. 그것은 무엇입니까? <3:8-10>

십일조는 하나님과 흥정하는 것이나 지불하는 것이 아닙니다. 그것은 사랑과 훌륭한 청지기임의 표현입니다. 예수님은 마태복음 23:23에서 십일조를 행하는 것을 공인하셨습니다.

이 책의 끝 부분은 충성된 자에게 주시는 약속과 죄인들에게 주시는 경고를 담고 있습니다. <3:16-18>

말라기는 약 400년간 그의 백성들에게 주시는 하나님의 마지막 말씀을 담고 있습니다.

■ 말라기서

1. 기록자 : 말라기

2. 기록연대 :
B.C. 450~400년 사이

3. 기록장소 : 예루살렘

4. 기록대상 :
모든 이스라엘 백성을 대상으로 기록되었지만 특별히 바벨론 포로생활에서 70년 후에 귀환한 남은 자들을 위하여 기록되었다.

5. 핵심어 및 내용 :
말라기의 핵심어는 "십일조"와 "준비"이다. 백성들이 십일조를 하지 않을 때 사실 당연히 하나님에게 드려야 할 것을 그들이 도둑질하는 격이 되었다. 백성들은 하나님에게 그들이 소유한 재물보다 더 많은 것들을 빚지고 있다. 그들의 돈 뿐만 아니라 그들의 시간 재능도 빚지고 있다. 또한 말라기의 중요한 사역의 한 부분은 백성들의 마음뿐만 아니라 우리의 주님이신 예수 그리스도 곧 메시야의 길을 준비하기 위해서 보내진 세례 요한을 예비하는 일이다.

제25주 구약의 복습

Ⅰ.다음의 인물들을 그들의 살았던 순서대로 적어 넣으십시오.

삼 손 1.______________ 11.______________

솔 로 몬

아 담 2.______________ 12.______________

아브라함

여로보함 3.______________ 13.______________

기 드 온

여호수아 4.______________ 14.______________

다 윗

므두셀라 5.______________ 15.______________

아 론

아 벨 6.______________ 16.______________

이 삭

노 아 7.______________ 17.______________

사 울

모 세 8.______________ 18.______________

요 셉

야 곱 9.______________ 19.______________

사 무 엘

느헤미야 10.______________ 20.______________

에 스 라

Ⅱ.구약에 나오는 다음 인물은 누구일까요?

1. ________________ 아담의 첫째 아들
2. ________________ 하나님과 동행했으며 죽음을 보지 않았음
3. ________________ 이름이 이스라엘로 바뀜
4. ________________ 이삭의 아내
5. ________________ 야곱의 첫째 아들
6. ________________ 다곤의 신전을 무너뜨림
7. ________________ 소 모는 막대기로 블레셋 사람 600명을 죽임
8. ________________ 항아리와 횃불
9. ________________ 모세의 장인
10. ________________ 열두명의 정탐군 중 여호수아와 함께 약속의 땅에 들어간 인물
11. ________________ 나오미의 며느리
12. ________________ 룻과 결혼한 사람
13. ________________ 연합 왕국의 첫 번째 통치자
14. ________________ 연합 왕국의 마지막 통치자
15. ________________ 다윗에게 그의 죄를 말한 선지자
16. ________________ 사무엘의 어머니
17. ________________ 다윗의 아버지
18. ________________ 이스라엘의 마지막 사사
19. ________________ 엘리야의 뒤를 이은 선지자
20. ________________ 성전 재건을 기록한 책
21. ________________ 와스디를 대신하여 왕후가 된 여인
22. ________________ 모르드개를 미워함
23. ________________ 인내의 예
24. ________________ 토기장이의 집에 들어감
25. ________________ 네 생물들을 봄
26. ________________ 꿈을 해석하므로 유명함
27. ________________ 고멜과 결혼함

III. 광야의 성막에서 발견되는 여섯가지 기구

1.____________________ 2.____________________

3.____________________ 4.____________________

5.____________________ 6.____________________

IV. 구약의 성일과 절기

1. ____________ 노동으로부터 쉼
2. ____________ 애굽으로부터의 해방을 기억함
3. ____________ 최종 수확기를 기념함
4. ____________ 이스라엘의 죄를 덮음
5. ____________ 일년동안 땅을 쉼
6. ____________ 모든 이스라엘인들의 유대인 노예를 자유케 함

V. 구약에서 다음은 무엇입니까?

1. ____________ "혼잡케 함"을 의미함
2. ____________ 이적을 행하기 위해 아론에 의해 사용된 것
3. ____________ 바로를 움직이기 위해 사용된 10가지
4. ____________ "거하시는 곳"을 의미함
5. ____________ 모세는 거기서 약속의 땅을 보았음
6. ____________ 연합 왕국의 수도
7. ____________ 북 왕국의 수도
8. ____________ 엘리사가 물 속에 들어가게 함
9. ____________ "찬양"을 의미함
10. ____________ "설교자"를 의미함

참고 도서 목록

●외국서적

– Alexander, David and Pat, eds. Eerdmans' Handbook to the Bible. Grand Rapids, Michigan: Wm. B. Eerdmans Publishing Company, 1973.

– Criswell, W. A. Expository Sermons on Revelation. Grand Rapids, Michigan: Zondervan Publishing House, 1962.

– Fry. William Francis. Notes and Outlines of the Books of the Bible. Kingsport, Tennessee: Kingsport Press, 1940.

– Harper, A. F. ed. Beacon Bible Commentary (a ten–volume set). Kansas City, Missouri: Beacon Hill Press of Kansas City, 1964.

– Jensen, Irving L Jensen Bible Study Charts (Volumes 1 and 2, Old Testament). Chicago, Illinois: Moody Press, 1976.

– McNichol, John. Thinking Through the Bible. Grand Rapids, Michigan: Kregel Publications, 1944.

– Mears, Henrietta C. What The Bible Is All About. Glendale, California: Regal Books, 1953.

– Mehlis, Marjie. The Holy Land (A Multimedia Learning Kit). Elgin, Illinois: David C. Cook, 1973.

- Ragont, Joe. The Tabernacle (Transparency Teaching Kit). Chicago, Illinois: Moody Bible Institute, 1978.

- Strauss, Lehman. The First Person. Neptune, New Jersey. Loizeaux Brothers, 1967.

- Tenney, Merrill C. ed. Zondervan Pictorial Bible Dictionary. Grand Rapids, Michigan: Zondervan Publishing House, 1963.

- Udd, Timothy E. Kings and Prophets (A Multimedia Learning Kit). Elgin, Illinois: David C. Cook, 1976.

- Unger, Merril F. The New Unger's Bible Handbook. Chicago, Illinois: Moody Press, 1966.

- Vine, W. E. Expository Dictionary of New Testament Words. Old Tappan, New Jersey: Fleming H. Revell Co. (No copyright)

- Wiersbe, Warren W. Be Joyful. Wheaton, Illinois: Victor Books, 1971.

- Wiersbe, Warren W. Expository Outlines on the Old Testament. Covington, Kentucky: Calvary Book Room, 1968.

- Wiersbe, Warren W. Expository Outlines on the New Testament. Covington, Kentucky: Calvary Book Room, 1965.

- Young Robert Young's Analytical Concordanceto the Bible. Grand Rapids, Michigan: Wm. B. Eerdman's Publishing Company, 1964.

참고 도서 목록

●국내서적

- 심종석, 고대 오리엔트의 역사를 통해
  조명하는 구약성서의 이해(서울, 이컴비즈넷 2005)

- 유기성, 예수님의 사람 (서울, 도서출판 KMC 2007)

- 이원희, 최신판 해설 성서 지도 (서울, 예본출판사 2007)

- 이진우, 성경인물 집중탐구2 (서울 글샘 2000)

- J. A. 모티어 외, IVP 성경주석 신약구약
  (서울, 한국기독학생회출판부, 2001)

- 민경식, 신약성서 우리에게 오기까지
  (서울, 대한기독교서회 2008)

- 서명수, 교회력에 따른 설교로드맵
  (서울 도서출판 기쁜날 2008)

- 헨드릭 빌렘 반 룬, 명화로 보는 성서이야기/신약구약2권
  (서울, 생각의나무 2003)

- 사라 카 곰 , 제니퍼 스피크 세계명화 비밀 – 성서 상징
  (서울, 생각의나무 2003)
  Chicago, Illinois: Moody Bible Institute, 1978.

NOTE

NOTE

NOTE

NOTE

NOTE